o fator X

Ross R. Reck, Ph.D.

o fator X

Como extrair resultados extraordinários de pessoas comuns

Tradução de
OLIVEIRA JÚNIOR

EDITORA RECORD
RIO DE JANEIRO • SÃO PAULO

2003

CIP-Brasil. Catalogação-na-fonte
Sindicato Nacional dos Editores de Livros, RJ.

Reck, Ross Richard, 1945-
R246f O fator X: como extrair resultados extraordinários de pessoas comuns / Ross R. Reck; tradução de Oliveira Júnior. – Rio de Janeiro: Record, 2003.
208p.

Tradução de: The X-factor: getting extraordinary results from ordinary people
Apêndices
ISBN 85-01-06510-2

1. Motivação no trabalho. I. Título.

03-1335 CDD – 658.314
CDU – 658.310.13

Título original norte-americano:
THE X-FACTOR – GETTING EXTRAORDINARY RESULTS FROM ORDINARY PEOPLE

Composição: DFL

Impresso no Brasil

ISBN 85-01-06510-2

PEDIDOS PELO REEMBOLSO POSTAL
Caixa Postal 23.052
Rio de Janeiro, RJ – 20922-970

Para Marcia, Philip, Katie e Nancy,
a melhor família que qualquer um poderia ter

Sumário

Apresentação

A Southwest Airlines é uma das empresas americanas mais respeitadas e admiradas, e não sem motivo. Em seu excelente livro sobre a empresa intitulado *Nuts!*, Kevin e Jackie Freiberg chamam atenção para o fato de que a Southwest opera com lucro desde 1973 (embora cobre as tarifas mais baixas) e suas margens de lucro são as maiores do setor. Desde 1978, mais de cem linhas aéreas faliram. Durante esse período a Southwest continuou a se expandir e ainda está crescendo numa razão de 20 a 30 por cento anualmente. A Southwest domina seus mercados com uma cota de 60 por cento ou mais em quase toda rota de táxi aéreo que serve. Sua força de trabalho é a mais leal e produtiva em seu setor e possui o menor índice de demissão. As relações de trabalho na Southwest são excelentes, embora a maioria de seus funcionários seja sindicalizada. Durante a Guerra do Golfo em 1990, quando o preço do petróleo subiu como um foguete, os funcionários contribuíram voluntariamente com 150.000 dólares de seus salários para ajudar a companhia a comprar combustível.

E ainda há mais. A Southwest possui o melhor histórico de atendimento ao consumidor no setor, tendo como base manipulação de bagagens, pontualidade e reclamações dos clientes. Além disso, a Southwest possui o menor percentual de cancelamento de vôos de todas as linhas aéreas e tem o melhor histórico de segurança entre os concorrentes.

A história da Southwest Airlines é realmente notável, e ainda não acabou. Durante a última década, sua história tem sido analisada, documentada e contada por diversos autores, acadêmicos e gurus até um ponto tal em que há pouco, ou nada, que não saibamos sobre como a Southwest trabalha. Com toda esta informação sobre uma das companhias mais bem administradas dos EUA, uma pergunta nos vem à cabeça: por que não há mais companhias com um histórico como o da Southwest Airlines?

A resposta a esta pergunta é muito simples: a administração na Southwest foca sua atenção naquelas atividades administrativas que produzem resultados *extraordinários*. A maioria das outras companhias foca sua atenção naquelas atividades administrativas que produzem resultados *comuns*. A diferença entre resultados comuns e extraordinários é descrita na comparação a seguir:

A *Resultados Comuns*	B *Resultados Extraordinários*
Clientes que compram pelo menor preço	Clientes que pagam entusiasticamente preços *premium*
Sobreviver num mercado altamente competitivo	Dominar um mercado altamente competitivo
Implementar a mais nova moda administrativa	Fazer seu sistema atual de administração funcionar
Precisar telefonar para tentar captar novos clientes	Novos clientes que telefonam para você
Fornecedores que atendem pedidos	Fornecedores que mostram a você como reduzir custos
Funcionários que resistem a mudanças	Funcionários que sugerem mudanças
Tensão entre funcionários e gerentes	Um acordo trabalhista de quinze anos com ganhos de produtividade na casa dos dois dígitos

Que conjunto de resultados administrativos você gostaria de alcançar? Se você escolheu a Coluna "B", você se identificou como alguém que prefere assumir o comando e fazer coisas acontecerem ao invés de seguir a multidão. Sem dúvida você aspira alcançar muito além do que a maioria das pessoas consideraria aceitável ou bom. Você não está interessado em resultados pequenos ou médios; você quer resultados extraordinários e está disposto a trabalhar arduamente para obtê-los.

Entretanto, trabalho duro não garante resultados administrativos extraordinários. Você também precisa saber como *administrar*. É aqui que está o problema. Como administrar para que o tipo de resultado listado na Coluna "B" se torne rotineiro?

Com o passar dos anos, os pesquisadores publicaram dezenas de milhares de teses a respeito dos diferentes aspectos da administração, como motivação, recompensas, estabelecimento de objetivos, estrutura organizacional, satisfação no trabalho, avaliação de desempenho, e assim por diante. Além disso, existem centenas de livros didáticos sobre administração, além de milhares de obras de alcance popular. Contudo, até hoje nenhuma dessas teses ou livros produziu um sistema coerente que possibilite um gerente a alcançar regularmente o tipo de resultados da Coluna "B".

A última palavra em administração hoje é análoga a um grande quebra-cabeça com peças espalhadas por toda parte. O fato de que ninguém tem certeza de quais dessas peças espalhadas são relevantes torna o quebra-cabeça impossível de solucionar.

O Fator X é a respeito de como solucionar este quebra-cabeça administrativo. É sobre como identificar todas as peças relevantes e então encaixá-las corretamente, de modo a formar um sistema *completo* que possibilitará qualquer gerente a alcançar o tipo de resultado descrito na Coluna "B" numa base consistente e contínua. No fim deste livro você encontrará vários exemplos reais de companhias e indivíduos que obtiveram sucesso empregando este sistema. Esses exemplos ilustram como você, também, pode usar este sistema para obter seu próprio conjunto de resultados extraordinários.

Ross R. Reck, Ph.D.

CAPÍTULO

1

À Procura de um Grande Gerente

Phil Ross é um homem brilhante, no meio da casa dos trinta, que se tornou um gerente muito competente. Seu objetivo de longo prazo é tornar-se um *grande* gerente; ele quer um dia ser o presidente de sua companhia.

Com o passar dos anos, Phil perseguiu rigorosamente seu próprio programa de desenvolvimento pessoal. Ele compareceu a um sem-número de *workshops* sobre vários tópicos de administração — formação de equipe, motivação, delegação de tarefas, criação de consenso, resolução de problemas e relações sindicais. É leitor assíduo de jornais de comércio como *Harvard Business Review, Business Week* e *The Wall Street Journal*, bem como de praticamente cada best seller sobre administração assim que ele chega às livrarias. Phil admite que aprecia essas atividades e o aprendizado que extrai delas. Entretanto, recentemente ele começou a sentir-se cada vez mais frustrado.

— Como é que pode? — perguntou Phil aos seus botões. — Depois de 10 anos comparecendo a *workshops* e lendo tudo que me cai nas mãos, eu ainda não sinto que compreendo completamente o que é realmente administração de empresas. Será que a falha é minha, ou será que todos aqueles palestrantes e autores aos quais fui exposto não compreendem realmente o que é administração?

O dilema de Phil continuou a atormentá-lo por semanas. Repetidamente ele se fazia a mesma pergunta:

— Por que eu não entendo completamente o que é administração? Eu conheço quase todo o jargão. Eu pratico a maior parte do que aprendi. A minha equipe é bastante produtiva. Mas não estou crescendo.

Certa noite, enquanto vasculhava sua biblioteca em busca de uma resposta para uma dúvida específica, Phil teve uma inspiração.

— Eu sei o que é! Administração é como um enorme quebra-cabeça com peças espalhadas por toda parte. Embora cada um dos palestrantes e autores aos quais fui exposto compreendessem uma ou mais peças do quebra-cabeça, nenhum compreendia *todas* as peças, quanto mais como encaixá-las. Se eu quero compreender completamente o que é administração de empresas, terei de encontrar todas as peças para este quebra-cabeça e resolvê-lo sozinho!

No dia seguinte Phil criou seu próprio projeto de pesquisa. Ele decidiu entrevistar um grande número de especialistas em administração — presidentes de companhias bem-sucedidas, juntamente com alguns de seus gerentes mais talentosos; acadêmicos importantes, consultores e autores em administração e campos relacionados.

— Ora bolas, se uma coisa tão complicada quanto colocar pessoas no espaço exterior se tornou rotineira, encontrar as peças para o quebra-cabeça da administração não pode ser tão difícil.

O resultado da pesquisa de Phil foi muito interessante. Enquanto a maioria das pessoas com quem conversou concordava com a idéia de que administrar era uma forma de fazer as coisas acontecerem através de outras pessoas, nenhuma delas concordava sobre a melhor forma de fazer. Um bem-sucedido presidente de uma empresa explicou:

— Para ser um diretor de sucesso, você tem que criar uma situação vencer ou vencer com seus empregados. — Outro disse:

— A proposta em administração é expulsar o medo e criar uma atmosfera de confiança entre os empregados. Se você fizer isso, os resultados virão naturalmente.

Um acadêmico influente disse a Phil:

— Uma administração eficaz é o trabalho de desenvolver apropriadamente medidas de desempenho individual ou de equipe e então monitorar atentamente essas medidas.

Por outro lado, vários autores importantes defendiam fortemente a idéia de que:

— Uma administração eficaz é uma questão de delegar poder para seus funcionários fazerem o trabalho e então ajudá-los em seus esforços.

Os consultores que ele entrevistou também tinham seus próprios conselhos para dar. Um consultor proeminente acreditava piamente que:

— Administrar é uma questão de passear entre seus funcionários, tornar-se visível, manter contato e promover comunicação informal. Eu não tenho muita certeza de por que isso funciona. Simplesmente funciona.

Outro consultor famoso via a questão por um ângulo diferente:

— Se você contratar bons funcionários, já estará no caminho para se tornar um gerente bem-sucedido.

Phil ficou a um só tempo desapontado e surpreso com os resultados de seu projeto de pesquisa. Ficou desapontado no sentido de que não estava mais perto de resolver o quebra-cabeça da administração do que antes de iniciar o projeto. Estava surpreso com o fato de que tantas pessoas que se diziam autoridades, especialistas e gurus na área simplesmente não eram o que afirmavam ser. Embora cada um deles parecesse compreender uma ou mais pequenas peças do quebra-cabeça da administração, nenhum deles compreendia solidamente o quadro geral: como juntar as peças.

Phil estava chocado. Ele não ia desistir de sua

busca para resolver o quebra-cabeça administrativo, mas não tinha a menor idéia de como proceder.

Certa noite, depois do jantar, Phil sentou-se para assistir o noticiário. Embora seus olhos estivessem focados na tela, sua mente continuava ponderando sobre seu insucesso na resolução do quebra-cabeça. Então uma reportagem chamou sua atenção. A matéria era a respeito de um homem chamado Sam Wharton, presidente de uma grande indústria cujo quartel-general era numa cidade próxima.

O Sr. Wharton tinha assumido o cargo de presidente da companhia dez anos antes. Nessa época, a companhia estava trôpega e corria sério risco de fechar as portas de vez. A cota de mercado estava sempre baixa, os ganhos de produtividade eram inexistentes, o sindicato estava tomando medidas contra a empresa e a lealdade dos funcionários era uma coisa do passado.

Hoje, a companhia estava obtendo lucros recordes. Na verdade, a empresa tinha sido lucrativa em cada trimestre dos últimos oito anos. Além disso, estava recebendo ganhos de produção na casa dos dois dígitos devido ao compromisso de seus funcionários sindicalizados. O moral e a lealdade dos empregados estavam mais altos do que nunca, e a companhia agora dominava sua indústria em termos de cota de mercado.

O motivo para a matéria no noticiário era que Sam Wharton estava indo para a Casa Branca para participar de uma conferência sobre responsabilidade corporativa. Sua companhia fora reconhecida pelo presidente dos Estados Unidos como uma Emérita Cidadã Corporativa.

— No curto espaço de tempo que nos resta, o senhor poderia compartilhar com nossos espectadores o segredo do sucesso de sua firma? — perguntou a repórter.

— Com todo prazer — respondeu o Sr. Wharton. — É uma coisa que eu chamo de **Fator X**. Com o passar dos anos eu notei que pessoas empolgadas produzem resultados extraordinários. Assim, os gerentes de minha empresa e eu empolgamos as pessoas, e as mantemos assim.

— Como vocês fazem isso?

— Simplesmente damos às pessoas o que elas estão procurando em seus trabalhos — respondeu o Sr. Wharton.

— Que resposta fascinante — disse a repórter. — Muito obrigada por sua atenção.

— Obrigado a *você* — disse o Sr. Wharton.

Phil ficou muito interessado.

— Preciso conversar com Sam Wharton. Talvez o seu Fator X tenha a chave para a solução do quebra-cabeça da administração.

Na manhã seguinte, Phil telefonou para a companhia do Sr. Wharton.

— Bom dia. Escritório de Sam Wharton, aqui é Mary. Em que posso ser útil?

— Olá, meu nome é Phil Ross. Eu vi o Sr. Wharton

na televisão na noite passada e gostaria de encontrá-lo para conversar sobre o Fator X — em qualquer momento que seja de sua conveniência.

— Eu sei que Sam ficaria muito feliz em falar com o senhor — respondeu Mary. — Ele é muito ocupado, mas sempre encontra um tempinho para conversar com alguém sobre o Fator X. Ele tem uma vaga na manhã de quinta-feira, a partir das 9:30.

— Isso seria perfeito — disse Phil.

— Vou deixar uma hora para o senhor — disse Mary. — Isso deve ser tempo suficiente.

— Muito obrigado.

— Nos vemos quinta-feira que vem.

CAPÍTULO

2

Conhecendo um Grande Gerente

Phil chegou alguns minutos mais cedo para seu encontro com o Sr. Wharton e foi recebido calorosamente por Mary. Ele não pôde deixar de notar que ela estava usando um broche em forma de X na gola de sua blusa.

— Você deve ser Phil Ross — disse Mary enquanto se levantava para apertar sua mão.

— Sou eu, sim.

— É uma grande satisfação conhecê-lo. Sam ainda está em sua Reunião X, mas deve voltar a qualquer momento.

— Reunião X? Posso perguntar o que é uma Reunião X?

— Cada departamento, grupo ou equipe começa cada dia com uma pequena reunião que chamamos de Reunião X — respondeu Mary. — O propósito dessas reuniões diárias é manter o Fator X sob controle. Tenho certeza de que Sam lhe contará os detalhes. Enquanto estiver aguardando, posso lhe trazer uma xícara de café ou um refrigerante?

— Um refrigerante cairia muito bem — disse Phil.

Enquanto Mary providenciava a bebida, Phil teve uma chance de organizar seus pensamentos.

— Eles realmente levam essa história de Fator X a sério — disse Phil aos seus botões. — Mal posso esperar para descobrir do que se trata.

— Aqui está seu refrigerante — disse Mary. — Sam deve chegar a qualquer momento.

Então a porta se abriu, dando passagem a um homem de pouco mais de cinqüenta anos, usando um broche em forma de X na lapela.

— Você deve ser Phil Ross — disse ele, enquanto estendia a mão para Phil.

— Sou eu, sim. É um grande prazer conhecê-lo, Sr. Wharton.

— Chame-me apenas de Sam. Diga-me, o que posso fazer por você?

Phil explicou que se considerava um gerente muito capaz, mas que desejava tornar-se um *grande* gerente, e até mesmo presidente de sua companhia, um dia. Em seguida, contou a Sam sobre o seu programa de desenvolvimento pessoal.

— Deixe-me adivinhar — disse Sam. — Com cada *workshop* ao qual compareceu e cada livro ou artigo que leu, você obteve uma ou mais idéias muito úteis, mas nunca obteve uma compreensão global.

— Exato! — exclamou Phil. — Mas como você sabia?

— Eu tive a mesma experiência — retrucou Sam.

Phil então relatou o processo de seu projeto de pesquisa, contando como entrevistara diversos especialistas em administração numa tentativa de encontrar todas as peças do quebra-cabeça da administração e resolvê-lo.

Sam o interrompeu, dizendo:

— Deixe-me adivinhar de novo. Você não está mais perto de resolver o seu enigma agora do que estava antes de iniciar o projeto.

— Exatamente — respondeu Phil. — Foi por causa disso que telefonei para você. Estava esperando que o Fator X que você mencionou durante a sua entrevista na televisão seja ou a solução para o quebra-cabeça da administração ou pelo menos uma boa luz para me ajudar a resolver o problema.

— Phil, estou impressionado. Eu fiz essa mesma jornada há alguns anos e posso compreender a sua frustração. Porém, no meu caso, eu tive a sorte de esbarrar na solução do enigma da administração, embora na época eu não tenha percebido isso.

— Espere um pouco! — exclamou Phil. — Você está dizendo que resolveu o quebra-cabeça da administração, que compreende o que é realmente administração?

— Claro! — replicou Sam. — É por causa disso que a minha companhia é tão bem-sucedida.

— Você está disposto a compartilhar a solução comigo? — perguntou Phil.

— Certamente — respondeu Sam. — Vamos começar construindo a partir do que você já aprendeu. Quando você realizou aquelas entrevistas com os seus especialistas em administração, houve alguma coisa em que essas pessoas tenham concordado?

— Todos eles concordaram que administrar é realizar coisas por intermédio de outras pessoas — disse Phil.

— Esse é um bom ponto para começar — reconheceu Sam.

Ele caminhou até um quadro muito grande, preso na parede atrás de sua mesa. O quadro estava dividido em duas colunas: "A" e "B".

— Leia isto com atenção — disse Sam.

Phil obedeceu.

A	B
Clientes que compram pelo menor preço	Clientes que pagam entusiasticamente preços *mais altos*
Sobreviver num mercado altamente competitivo	Dominando um mercado altamente competitivo
Implementar a mais nova moda administrativa	Fazer seu sistema atual de administração funcionar
Precisar telefonar para tentar captar novos clientes	Novos clientes que telefonam para você
Fornecedores que atendem pedidos	Fornecedores que mostram a você como reduzir custos
Funcionários que resistem a mudanças	Funcionários que sugerem mudanças
Tensão entre funcionários e gerentes	Um acordo trabalhista de quinze anos com ganhos de produtividade na casa dos dois dígitos

Quando Phil terminou de ler o quadro, Sam perguntou:

— Qual dos dois conjuntos de resultados você gostaria de alcançar, "A" ou "B"?

— Ora, a Coluna "B", é claro.

— Exatamente — concordou Sam com um sorriso. — Todo mundo quer alcançar os tipos de resultados listados na Coluna "B". Ainda assim, a Coluna "A" descreve de forma bastante precisa os tipos de resultados mais comumente associados com pessoas que se descreveriam como *bons* gerentes. Eu chamo isso de resultados *comuns*. A Coluna "B", por outro lado, representa resultados *extraordinários*. Esses são os tipos de resultados obtidos pelos *grandes* gerentes.

Sam fez uma pausa, e então prosseguiu:

— A definição comum de administração, realizar coisas por intermédio de outras pessoas, simplesmente não diz o que você precisa saber para se tornar um grande gerente.

— Então como você se torna um grande gerente?

— Você precisa aprender a *domar* o Fator X — declarou Sam.

— E o que é o Fator X? — perguntou Phil.

CAPÍTULO

3

Descobrindo o Fator X

Sam sorriu enquanto caminhava até um quadro em branco. Pegou uma caneta marcadora e começou a escrever. Quando Sam terminou, Phil leu:

> O FATOR X
>
> FAZER PESSOAS COMUNS SE ESFORÇAREM AO *MÁXIMO* PARA AJUDAR VOCÊ, O GERENTE, A ALCANÇAR RESULTADOS *EXTRAORDINÁRIOS*

— Então isso é o Fator X — disse Phil. — Bem, ele leva as coisas muito mais longe do que a definição comum de administração. Ao invés de se preocupar apenas com realizar coisas, o que pode conduzir facilmente a resultados comuns, o Fator X foca diretamente em alcançar resultados extraordinários.

— Você está pegando o espírito da coisa — observou Sam.

— Parece muito empolgante — comentou Phil. — Mas eu não tenho a menor idéia do que devo fazer para gerar o Fator X.

— O segredo é *domar* o Fator X — replicou Sam.

— Muito bem, mas como eu faço para domar o Fator X?

— Antes de falarmos sobre como domar ou controlar o Fator X, é preciso que você compreenda os elementos básicos que compõem o Fator X.

Mais uma vez Sam caminhou até o seu quadro. Depois que Sam terminou de escrever, Phil leu:

ELEMENTOS BÁSICOS DO FATOR X

- PESSOAS
- MOTIVAÇÃO

Sam fez um gesto na direção do quadro e disse:

— Quando se quer alcançar resultados extraordinários, essas são as duas únicas coisas que realmente importam, qualquer que seja o nível de administração que você tenha em mente.

Sam prosseguiu:

— Vamos analisar o primeiro desses elementos: pessoas. Domar o Fator X diz respeito 100% a pessoas e nada mais! Se você deseja alcançar resultados extraordinários como gerente, primeiro precisa compreender que as pessoas constituem o seu recurso mais importante. Você não pode alcançar resultados extraordinários sozinho. Você precisa de toda a ajuda que conseguir obter.

— A maioria das pessoas em posições administrativas já não sabe disso? — perguntou Phil.

— Elas sabem e não sabem — respondeu Sam. — A maioria dos gerentes, incluindo aqueles que se descreveriam como bons administradores, fala muito sobre isso, mas na prática dá pouca atenção aos subalternos. Por outro lado, os grandes gerentes encaram com muita seriedade a forma como tratam as pessoas. Eles compreendem realmente que são as pessoas, e não o investimento de capital ou automação, que geram aperfeiçoamentos de qualidade e ganhos de produtividade. Além disso, entendem que as pessoas são a única fonte verdadeira de criatividade, inovação e idéias originais. No que diz respeito aos grandes gerentes, as pessoas têm precedência sobre todo o resto numa organização comercial, incluindo sistemas, organogramas institucionais, estratégia, cifras, regras, procedimentos e títulos.

— Então os gerentes que alcançam resultados

extraordinários são aqueles que maximizam seu envolvimento com seus subalternos.

— Você está absolutamente certo, e eu vou explicar o porquê num minuto — disse Sam. — Mas, primeiro, vamos falar sobre o outro elemento básico do Fator X, que é a motivação. Aceitar o fato de que as pessoas são o seu recurso mais importante não é suficiente para alcançar resultados administrativos extraordinários. Você também precisa saber o que motiva as pessoas ou as deixa empolgadas. Diga-me, depois de ler todos aqueles livros sobre administração de empresas, comparecer a todos aqueles *workshops* e entrevistar todos aqueles especialistas, o que você aprendeu sobre o que motiva as pessoas?

Phil pensou antes de responder:

— Fico constrangido em admitir que depois de tudo aquilo eu ainda não compreendo realmente o que motiva as pessoas.

— Não fique constrangido — disse Sam. — A maioria dos gerentes não compreende o que é motivação humana, e isso porque as pessoas que escrevem a respeito dela e falam a respeito dela também não a entendem. Se esses pretensos especialistas em administração realmente compreendessem o que motiva as pessoas, nós não teríamos todos aqueles modismos administrativos que somem e desaparecem o tempo todo.

— Para quem não sabe do que está falando, os especialistas têm muito o que dizer — comentou Phil. — Quero dizer, existem centenas de livros e milhares de artigos e *workshops* sobre o assunto.

— Você tem razão — disse Sam. — Os pesquisadores tentaram achar uma ligação de causa e efeito entre quase tudo no mundo e a motivação humana. Por exemplo, tentaram avaliar o impacto que coisas como objetivos, satisfação, recompensas intrínsecas e extrínsecas, autonomia, reforço positivo, trabalho significativo, e coisas assim, exercem sobre a motivação individual. Ora, eles até pegam coisas aprendidas com experimentos laboratoriais com ratos e jogam na salada motivacional. Mas ao invés de esclarecer o quadro motivacional, o que esses pseudo-especialistas criaram, tomando emprestada uma frase de William James, foi "uma algaravia ensurdecedora".

— Parece que existe um quebra-cabeça motivacional análogo ao quebra-cabeça administrativo que estou tentando resolver — disse Phil.

— Exatamente — disse Sam. — Isto é, se você der ouvidos aos especialistas. Na verdade, a motivação humana não é nem um pouco complicada ou confusa. Quando você pensa bem no assunto, vê que todas as pessoas, incluindo você e eu, são motivadas por uma coisa e apenas uma coisa.

— Que é...?

Sam caminhou até o seu quadro e escreveu:

INTERESSE PESSOAL

— Interesse pessoal? — questionou Phil. — Isso não parece muito mercenário? Não é o mesmo que dizer que as pessoas devem ser egoístas, interesseiras?

— Claro que não — retrucou Sam. — Uma pessoa *interesseira* é uma pessoa que se preocupa excessivamente com seu próprio bem-estar sem consideração pelos outros. Se, como gerente, você adotar a noção de que as pessoas são o seu recurso mais importante, não poderá permitir espaço para comportamentos interesseiros.

— Então, o que é interesse pessoal? — indagou Phil.

— É parte da natureza humana — respondeu Sam. — Entenda, todos nós nascemos com um desejo fundamental de satisfazer nossas necessidades humanas básicas: segurança, estabilidade profissional, convivência social, senso de propriedade, capacidade de controlar o próprio destino. Essas são as preocupações básicas de todos os seres humanos, o que significa que elas são motivadores extremamente poderosos. Além do mais, cada indivíduo possui uma lista particular de necessidades e formas de satisfazer essas necessidades. Essa lista compõe o interesse pessoal de uma pessoa.

— Isso parece muito com a Teoria Motivacional — disse Phil. — Já não conhecemos o interesse pessoal há um bom tempo?

— Sim, mas nunca o levamos a sério porque nunca compreendemos completamente o papel poderoso que ele desempenha no comportamento de uma pessoa. No que diz respeito a motivar pessoas, o interesse individual é a *única* coisa que importa. Por esse motivo, as pessoas estão sempre buscando satisfazer seu interesse individual. E quando elas cruzam com essas oportunidades, ficam muito empolgadas.

— O que você está dizendo é que o interesse pessoal é a força motriz por trás do comportamento das pessoas.

— Exatamente — respondeu Sam.

— Assim, se eu quero alcançar resultados extraordinários, preciso me concentrar nos interesses individuais dos meus subalternos.

— Exatamente — concordou Sam. — Você precisa aceitar o fato de que as pessoas vão ao trabalho motivadas para perseguir os interesses individuais *delas*, não os seus. Além disso, você precisa compreender que, por mais que tente, você não conseguirá mudar ou alterar o interesse individual de uma pessoa para torná-lo semelhante ao seu. Em vez disso, você precisa aceitar o interesse individual da pessoa e aprender a *acioná-lo*.

— O que você quer dizer com "acioná-lo"? — indagou Phil.

— Você precisa encontrar uma maneira de conectar os interesses pessoais dos seus subalternos com o seu próprio interesse individual — respondeu Sam. — Permita que eu explique isso com um exemplo simples.

Sam abriu a gaveta superior de sua escrivaninha e retirou cinco cartões de 18 por 13 centímetros. Deu os cartões a Phil e disse:

— Peguei estes cartões em dois hotéis nos quais estive hospedado recentemente. Quero que você leia com atenção cada um deles.

Nos cartões estava escrito:

Caro hóspede:

A gerência deste hotel apreciará imensamente se o(a) senhor(a) considerar reutilizar suas toalhas num segundo dia. Assim, o(a) senhor(a) irá nos ajudar a reduzir nossos custos operacionais. Por favor, coloque no cabideiro as toalhas que está interessado(a) em reutilizar. Assim, a camareira saberá que não precisa substituí-las.

Com nossos profundos agradecimentos,

A Gerência

Caro hóspede:

Como cidadão ou cidadã responsável, você provavelmente está preocupado(a) em fazer sua parte na preservação de nosso frágil planeta. Se está, a gerência deste hotel gostaria de sugerir uma forma de colaboração para com o ecossistema. Todos os anos, milhões de toneladas de detergente poluem nosso ambiente através da lavagem de toalhas de hotel que realmente não precisam ser lavadas. É aí que *você* pode ajudar. Se estiver disposto(a) a reutilizar suas toalhas, simplesmente coloque-as de volta no cabideiro. Assim, a camareira saberá que não precisa substituí-las.

Muito obrigado por fazer sua parte para manter nosso planeta verde.

Atenciosamente,

A Gerência.

— Qual cartão você acha que me motivou a reutilizar minhas toalhas? — questionou Sam.

— Ora, o segundo — respondeu Phil.

— Por que você acha isso?

— Com o primeiro cartão, o gerente do hotel lidou apenas com o interesse pessoal dele, que era reduzir os custos operacionais — analisou Phil. — Não havia nada no cartão que importasse a você.

— Exatamente! — exclamou Sam. — Foi por causa disso que não me senti compelido a reutilizar minhas toalhas nesse hotel. Fazendo isso eu apenas colocaria dinheiro na conta bancária do hoteleiro, sem receber nada em troca.

Phil prosseguiu sua análise:

— O segundo cartão começou comentando uma coisa que interessava a você — fazer a sua parte para preservar o ambiente. Quem discordaria de uma causa tão nobre? O cartão acrescentou que você poderia contribuir para essa causa praticamente sem nenhum esforço da sua parte. Aposto que você reutilizou suas toalhas nesse hotel.

— Claro que reutilizei — disse Sam. — E me senti bem comigo mesmo enquanto fazia isso.

— Acho que estou começando a ver a relação entre motivação e interesse pessoal — disse Phil. — A intenção dos dois cartões era a mesma. Os gerentes de ambos os hotéis queriam que *você* ajudasse a reduzir os custos *deles*. O primeiro cartão fracassou em sua tentativa de motivar você porque lidava apenas com os interesses particulares da gerência do hotel. Não havia nada nele que interessasse a você. O segundo cartão conseguiu motivá-lo a ajudar a reduzir os custos do hotel porque ele lidava com o seu interesse pessoal. O interesse pessoal da gerência desse hotel não foi mencionado. Aposto que o segundo cartão conseguiu empolgar você e levá-lo a colocar dinheiro no bolso do dono desse hotel.

Sam sorriu.

— *Extraordinário*, concorda?

— Concordo — disse Phil. — O que é ainda mais surpreendente para mim é que não foi necessário mais esforço para levá-lo a reduzir os custos do segundo hotel do que para desestimular você a fazer isso pelo primeiro.

— Certo mais uma vez — disse Sam. — Para um gerente, obter resultados extraordinários não significa trabalhar mais duro. Significa fazer certas coisas corretamente.

— Sabe — disse Phil —, esse relacionamento entre motivação e interesse individual é muito semelhante a uma coisa que li num livro de Douglas McGregor intitulado *The Human Side of Enterprise* (O lado humano do empreendimento)*. McGregor disse que o trabalho de um gerente é criar um conjunto de condições para os membros da organização poderem perceber que alcançarão seus objetivos pessoais com mais facilidade se direcionarem seus esfor-

---

* Douglas McGregor, *The Human Side of Enterprise* (Nova York: McGraw-Hill, 1960).

ços para o sucesso do empreendimento. Foi exatamente isso que o cartão do segundo hotel fez. Ele pegou o interesse individual do hotel, que era reduzir custos, e o conectou com o seu interesse individual, que era preservar o meio ambiente. Como resultado, quanto mais você trabalhou em prol do seu interesse pessoal, mais dinheiro você economizou para o hotel.

— Esse livro foi publicado em 1960 — disse Sam. — Douglas McGregor estava certo. Infelizmente, a idéia dele nunca pegou.

— Por que não? — perguntou Phil.

— Para colocar em termos simples, McGregor não conseguiu imaginar uma forma de colocar sua idéia em ação eficientemente.

— Aposto que você descobriu como implementar a idéia de McGregor — arriscou Phil.

— Esse é o Fator X — disse Sam.

CAPÍTULO

4

Rx para Domar o Fator X

Então Sam apontou para um cartaz emoldurado atrás de sua escrivaninha. O cartaz era assim:

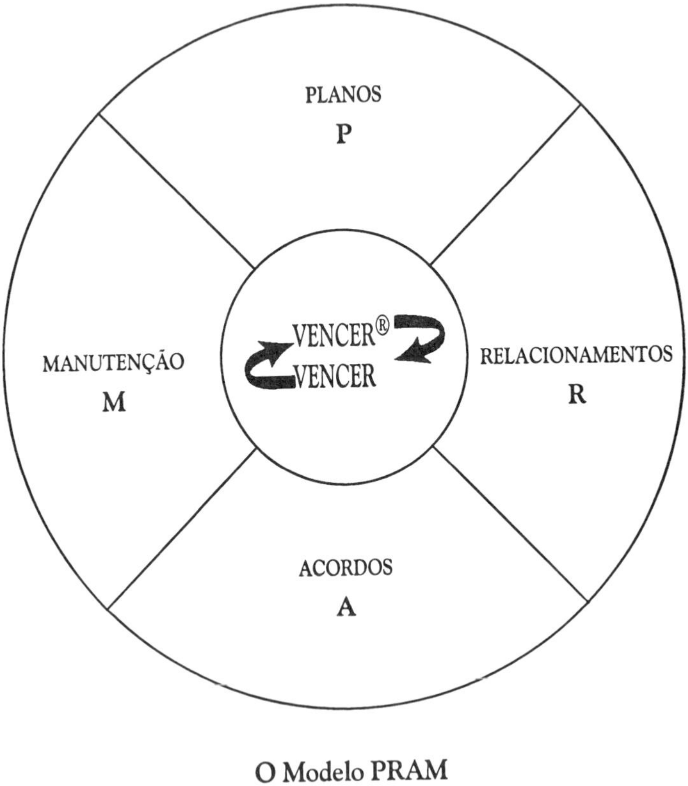

O Modelo PRAM

R_x para domar o Fator X

— Encontrei esse modelo num livro chamado *The Win-Win Negotiator** logo depois que assumi o cargo de presidente desta companhia — disse Sam. — Minha primeira tarefa importante como presidente era negociar um novo acordo trabalhista com o nosso sindicato. Este modelo me serviu muito bem durante essas negociações, e à medida que o tempo passou eu descobri que este modelo se aplicava à administração de todas as facetas do trabalho. Usei este modelo para domar o Fator X. Qual é a primeira coisa que chama a sua atenção neste modelo?

— Ele é de forma circular — respondeu Phil.

— O que esse círculo lhe diz sobre como se doma o Fator X? — perguntou Sam.

— Que ele é um processo contínuo, ininterrupto — respondeu Phil.

— Exato — afirmou Sam. — E o motivo para ele ser contínuo é que você está lidando com pessoas. Pessoas são sensíveis, possuem egos delicados e querem se sentir bem consigo mesmas. Elas não gostam de ser tratadas como interruptores de luz.

— Interruptores de luz?

— Você liga um interruptor quando precisa dele e depois o ignora até precisar dele de novo — esclareceu Sam. — Se tratar pessoas dessa forma, mandará uma mensagem de que tem uma noção muito rígi-

* Ross R. Reck, Ph.D., e Brian G. Long, Ph.D., *The Win-Win Negotiator: How to Negotiate Favorable Agreements That Last* (Nova York: Pocket Books, 1989).

da do desempenho que elas podem oferecer. Quando as pessoas recebem essa mensagem, elas desligam sua vontade de realizar um esforço adicional por você, e conduzem seus esforços para onde eles são mais bem apreciados.

— Deixe-me ver se entendi direito — disse Phil. — Se os seus subordinados acharem que você tem uma noção inflexível do desempenho que eles podem oferecer, alcançar resultados extraordinários será muito difícil.

— Impossível, na verdade — corrigiu Sam. — Simplesmente não vai acontecer se os seus subordinados acharem que você tem uma noção rígida do desempenho deles. — Fez uma pausa, e então perguntou: — O que mais lhe chama a atenção neste modelo?

— As palavras "VENCER-VENCER" no centro do modelo — respondeu Phil.

— Por que você acha que "vencer-vencer" é o coração do processo de domar o Fator X?

Phil ponderou por um momento, e então sugeriu:

— Como gerente, eu quero que as pessoas que trabalham para mim fiquem empolgadas em me ajudar a conquistar resultados extraordinários. Esses resultados representam o interesse individual que estou perseguindo — ou o meu "vencer", se você preferir. Como as pessoas que trabalham para mim também são motivadas por interesse pessoal, antes que eu possa esperar que fiquem empolgadas em me ajudar a alcançar esses resultados, primeiro preciso encontrar nesses resultados um "vencer" para elas fazerem o mesmo. Em outras palavras, preciso criar uma situação na qual as pessoas que trabalham para mim vejam a perseguição de meu interesse individual (resultados extraordinários) como a melhor maneira para elas perseguirem seus próprios interesses.

Phil fez uma pausa e então exclamou:

— Espere um minuto! Não foi o que Douglas McGregor disse que deve ser o trabalho de um gerente? E não foi assim que aquele hotel deixou você tão empolgado por reutilizar suas toalhas?

— Brilhante! — declarou Sam com um sorriso. — Veja, cada aspecto do Fator X precisa ser "vencer-vencer"; é por causa disso que ele é o coração do modelo. Se a sua abordagem para lidar com os seus subalternos não for "vencer-vencer", não haverá interesse individual para eles perseguirem apenas o seu interesse pessoal. Como falamos quando conversamos sobre motivação, as pessoas ficam muito empolgadas no que diz respeito à perseguição dos seus próprios interesses individuais, mas não se importam muito em perseguir os interesses individuais de outra pessoa. Conseqüentemente, se a sua abordagem para administrar não for "vencer-vencer", os *melhores* resultados que você poderá esperar serão resultados comuns.

— Agora estou começando a ver por que existem tão poucos grandes gerentes — disse Phil. — Como a maioria dos gerentes não leva a sério a noção de que as pessoas são o seu recurso mais importante, não há motivo para eles pensarem "vencer-vencer". Como resultado, as pessoas que trabalham para elas simplesmente não são motivadas a alcançar resultados extraordinários.

— Precisamente! — exclamou Sam. — Mas domar o Fator X não é apenas *pensar* "vencer-vencer". Vamos voltar ao modelo. Repare que há quatro partes ou passos: Planos, Relacionamentos, Acordos e Manutenção. Eu chamo o Modelo de PRAM porque PRAM é um acrônimo para os quatro passos. O que eu quero fazer agora é mostrar a você como o Modelo PRAM funciona. Depois vamos visitar alguns de meus vice-presidentes e deixar que eles lhe mostrem como usam esse modelo para domar o Fator X e alcançar resultados extraordinários.

— Parece ótimo — disse Phil.

CAPÍTULO

5

Passo Um: Planos

— O primeiro passo para domar o Fator X é planejar — disse Sam. — Resultados extraordinários não acontecem por acidente; eles acontecem por um motivo.

— Isso é interessante — respondeu Phil. — A maioria dos especialistas com quem falei, assim como os autores cujos livros eu li, concordou que o planejamento é uma parte importante da administração.

— Tenho certeza de que eles concordaram — retrucou Sam. — O problema é que quando a maioria dos pretensos especialistas em administração fala sobre planejamento, o que eles fazem é se referir a coisas como estabelecer metas, fazer previsões, montar orçamentos, analisar dados e procurar novas formas para reduzir custos. Embora essas atividades possam ter seu lugar no esquema geral das coisas, elas exercem um impacto muito pequeno no seu objetivo de alcançar resultados extraordinários como gerente.

— Deixe-me adivinhar — disse Phil. — O motivo para essas atividades tradicionais de planejamento não ajudarem um gerente a obter resultados extraordinários é que elas não dizem respeito a pessoas.

— Absolutamente certo — disse Sam. — Você está começando a fazer algumas conexões muito importantes. Se você ambiciona domar o Fator X, o seu plano precisa levar em consideração que o seu sucesso como gerente depende de pessoas e que pessoas são motivadas por interesses individuais.

— E montar um plano como esse é difícil? — indagou Phil.

— Na verdade não — respondeu Sam. — Como todos os outros aspectos de domar o Fator X, a parte *realmente difícil é lembrar de fazer.* Você já ouviu aquele ditado: "O mais difícil é lembrar de fazer"?

Sam caminhou até seu quadro e pegou uma caneta marcadora.

— Basicamente, existem quatro passos para montar um plano para domar o Fator X. Eu vou escrevê-los primeiro e depois irei discuti-los com você usando alguns exemplos.

Sam levou apenas alguns minutos para escrever os quatro passos no quadro.

COMO DESENVOLVER UM PLANO
PARA DOMAR O FATOR X

1. Determine o seu interesse individual
2. Identifique as pessoas que estão entre você e o sucesso
3. Determine o interesse pessoal de cada uma dessas pessoas
4. Desenvolva um plano para conectar os interesses pessoais de cada uma dessas pessoas

— Vamos começar com um exemplo familiar para ilustrar esses quatro passos — disse Sam enquanto se virava para olhar Phil. — Eu quero que você tente se colocar no lugar do gerente daquele hotel que conseguiu me convencer a reutilizar minhas toalhas. Qual você acha que era o interesse pessoal da gerência daquele hotel?

— Reduzir os custos do hotel com lavagem de roupas fazendo os hóspedes reutilizarem algumas de suas toalhas — respondeu Phil.

— Bom — disse Sam. — Quais eram as pessoas que estavam entre a gerência desse hotel e o objetivo de seu interesse pessoal?

— Os hóspedes do hotel.

— Certo de novo — disse Sam. — Agora, o que você acha que o gerente desse hotel determinou que deveria ser um interesse pessoal importante para muitos dos hóspedes?

— Fazer sua parte, como cidadãos responsáveis, para ajudar a preservar o meio ambiente.

— E qual foi o plano para conectar esses interesses pessoais? — indagou Sam.

— Colocar um cartão na bancada do banheiro de cada quarto para informar a cada hóspede que ele ou ela tinha uma oportunidade imediata para perseguir o seu interesse pessoal.

— Pronto! — proclamou Sam. — Você acabou de montar um plano para domar o Fator X.

— É realmente surpreendente o quanto tudo isto é simples, depois que você compreende o que está acontecendo — disse Phil.

— Sim, é isso — respondeu Sam. — Mas não esqueça que esse foi um exemplo relativamente simples, no qual a administração do hotel queria somente que seus convidados realizassem um ato único e fácil que não requeria praticamente nenhum raciocínio ou energia. Agora, vamos ver como os gerentes de minha companhia utilizam esses quatro passos para desenvolver seus planos para domar o Fator X. Vamos fazer isso em termos gerais por enquanto, e seremos mais específicos mais tarde, quando visitarmos alguns de meus vice-presidentes.

Sam fez uma pausa, e então perguntou a Phil:

— Em termos gerais, qual você acha que é o interesse pessoal básico de cada um dos meus gerentes?

— Alcançar resultados extraordinários.

— Exatamente — respondeu Sam. — Agora, quem está entre esses gerentes e esses resultados extraordinários?

— As pessoas que trabalham para eles.

— Até aqui, tudo bem — disse Sam. — Vamos ver como você se sai no próximo passo do planejamento. O que você acha que representa o interesse pessoal dessas pessoas?

Phil hesitou.

— Não tenho muita certeza. Detesto admitir isso, mas não tenho certeza se sei.

— Não se sinta mal — disse Sam. — A maioria dos gerentes não tem a menor idéia.

Sam caminhou de volta até o quadro. Enquanto começava a escrever, ele disse:

— Um gerente precisa estar atento para três componentes do interesse individual de uma pessoa.

Quando ele terminou de escrever, Phil leu:

- RESPEITO
- SIGNIFICADO
- RENOVAÇÃO

— Essas três palavras podem não parecer muito profundas à primeira vista, mas representam praticamente tudo que as pessoas procuram em seus empregos. Se você conseguir providenciar cada um desses três componentes, dominará o Fator X.

Sam continuou:

— Vamos começar com respeito. O que você acha que respeito significa para pessoas que trabalham?

— Significa que elas querem ser tratadas seriamente como indivíduos por seu gerente.

— Certo! — exclamou Sam. — Elas não querem ser menosprezadas, subestimadas ou tratadas como crianças por seu gerente. E também não querem sentir que estão sendo exploradas. Ao invés disso, querem sentir que são parceiras de seu gerente e que ele realmente se importa com elas.

— Por que respeito é tão importante?

— Você ficaria empolgado em dar o máximo de si por um gerente que não liga para você e quer apenas explorá-lo? — perguntou Sam.

— De forma alguma — respondeu Phil.

— Ninguém gostaria disso — complementou Sam.

— Isso faz muito sentido — disse Phil. — Se um gerente não respeita realmente seus funcionários, eles jamais considerarão ajudá-lo a alcançar resultados extraordinários.

— Bem colocado — avaliou Sam. — Agora vamos olhar o componente seguinte do interesse individual relacionado ao trabalho. O que você acha que o significado representa para pessoas que trabalham?

— Provavelmente tem alguma relação com o fato de que as pessoas preferem direcionar suas energias para alguma coisa que sintam que é inerentemente merecedor de seu esforço — disse Phil.

— Absolutamente certo! — afirmou Sam, sorrindo. — Entenda, as pessoas realmente querem mais do que apenas empregos. Elas querem seguir uma *causa* na qual acreditem. Elas querem deixar sua marca. É isso que gera a empolgação necessária que possibilitará a você domar o Fator X. Seguir uma causa é a única coisa que unirá pessoas diferentes, cada uma com sua própria lista de interesses individuais, e irá transformá-las numa equipe coesa. Também é isso que torna o trabalho uma coisa divertida.

— Portanto, se eu quero domar o Fator X, primeiro preciso transformar o trabalho imediato numa causa na qual meus funcionários acreditem.

— Você entendeu — disse Sam. — É nesse ponto que o gerente entra em ação e assume o papel de *líder*. Entenda, líderes criam causas que geram empolgação e encanto nas pessoas.

Depois de uma pausa, Sam sugeriu:

— Vamos passar para o terceiro componente do interesse individual relacionado ao trabalho. Como você definiria renovação?

— Pessoas não podem continuar trabalhando indefinidamente em níveis de esforço e empolgação elevados sem ter suas baterias recarregadas de alguma forma — respondeu Phil.

— É exatamente isso que é renovação — concordou Sam. — Entenda, *apenas* salários não são suficientes para sustentar níveis elevados de empolgação e esforço, porque não são eles que deixam as pessoas empolgadas com suas atividades. Salários são extremamente importantes, mas as pessoas precisam de mais alguma coisa *além* dos salários para sustentar um nível elevado de empolgação e esforço.

— E o que é? — indagou Phil.

— Na verdade é muito fácil — disse Sam. — As pessoas precisam sentir que elas *e* as suas contribuições para a causa são genuinamente apreciadas por seu gerente.

— Eu posso perceber porque isso é tão importante — disse Phil. — Se o seu gerente não mostra nenhuma apreciação por você e por seu trabalho árduo, a empolgação desaparece e a idéia de trabalhar duro rapidamente perde seu apelo, a despeito do quanto a causa seja nobre.

— É exatamente isso — confirmou Sam. — Agora que você compreende os três componentes do interesse individual relacionado ao trabalho, é hora de olharmos o último passo no processo de montagem de um plano para domar o Fator X: desenvolver um plano para conectar o interesse pessoal de muitos gerentes (para alcançar resultados extraordinários) com o interesse individual das pessoas que trabalham para eles (respeito, significado e renovação).

Phil perguntou:

— É muito difícil desenvolver um plano para conectar esses interesses pessoais?

— Nem um pouco — respondeu Sam. — Depois que você tiver entendido o Modelo PRAM, todo o planejamento necessário já terá sido feito para você. Tudo que você, enquanto gerente, precisa fazer é comprometer-se em executar os três passos remanescentes do Modelo PRAM (Relacionamentos, Acordos e Manutenção) e os dois conjuntos de interesses individuais irão se conectar *automaticamente*.

Phil ficou um pouco intrigado.

— Não sei se consegui entender.

Em resposta, Sam dirigiu-se até o quadro e começou a acrescentar mais coisas ao que já estava escrito ali. Quando terminou, o texto estava assim:

- RESPEITO — PASSO RELACIONAMENTOS
- SIGNIFICADO — PASSO ACORDOS
- RENOVAÇÃO — PASSO MANUTENÇÃO

— Deixe-me explicar — disse Sam. — O passo Relacionamentos do Modelo PRAM lida com o componente respeito de um interesse individual relacionado com trabalho. O motivo é que a única forma que você pode desenvolver um relacionamento pessoal com as pessoas que trabalham para você é exibindo um interesse genuíno por elas e mostrando que você se importa. É isto que significa respeito. O passo Acordos diz respeito à criação de significado para os seus funcionários. Neste passo, você trabalha com os seus funcionários como parceiros para transformar o trabalho imediato numa causa que os deixe ao mesmo tempo empolgados e encantados. O passo Manutenção do Modelo PRAM diz respeito principalmente à renovação. É aí que você demonstra aos seus funcionários que aprecia sinceramente todo o seu trabalho árduo e que continua a respeitar cada um deles enquanto indivíduos.

— O Modelo PRAM é mais complexo do que pensei a princípio — admitiu Phil. — Estou ansioso por aprender a executar esses três passos seguintes.

— É isso que vamos conversar em seguida — garantiu Sam. — Vamos começar com o passo Relacionamentos, seguir para o passo Acordos, então conversar sobre Manutenção. Esta é a ordem segundo a qual esses três passos *devem* ser executados se você deseja domar o Fator X.

— Está dizendo que se eu puder fazer todas as coisas certas, mas na ordem errada, não vou conseguir domar o Fator X? — indagou Phil.

— Exatamente — confirmou Sam. — Por outro lado, se você fizer as coisas certas, na ordem certa, os resultados que você busca estão virtualmente garantidos.

— Tantos passos... — disse Phil, esforçando-se para ocultar sua incerteza.

— Não se preocupe: todos eles irão se juntar de forma muito natural — assegurou-lhe Sam. — Vamos passar para o passo Relacionamentos do Modelo PRAM.

Em seguida, Phil pegou um bloco para anotar o que tinha acabado de aprender.

Planos: Um Resumo

Desenvolver um Plano para domar o Fator X é simples. Como gerente, você precisa:

1. Determinar o seu interesse individual, que é obter resultados extraordinários
2. Identificar as pessoas que estão entre você e o sucesso
3. Determinar o interesse individual de cada uma dessas pessoas
   a. Respeito
   b. Significado
   c. Renovação
4. Executar os três passos remanescentes do Modelo PRAM para conectar os dois conjuntos de interesses individuais

CAPÍTULO

6

Passo Dois: Relacionamentos

Sam caminhou de volta até o quadro e começou a escrever o item seguinte. Quando terminou, estava escrito:

> TIPOS DE RECURSOS COMERCIAIS
>
> • RECURSOS HUMANOS
> • RECURSOS NÃO HUMANOS

Sam virou-se para Phil e disse:

— À primeira vista isto pode parecer trivial, mas existem basicamente dois tipos de recursos disponíveis para qualquer empreendimento. Existem recursos *humanos*, que são pessoas, e recursos *não humanos*, que incluem coisas como dinheiro, máquinas e materiais. O passo Relacionamentos do Modelo PRAM diz respeito a reconhecer e encarar de forma muito séria o fato de que os recursos humanos são completamente diferentes dos recursos não humanos. Assim sendo, os recursos humanos requerem métodos administrativos *completamente* diferentes dos empregados em recursos não humanos.

— A maioria dos profissionais em posições administrativas já não sabe disso? — perguntou Phil.

— Sim, eles sabem, mas não levam a sério — respondeu Sam. — Se existe uma coisa que se coloca no caminho de qualquer progresso no campo da administração, é a incapacidade de acadêmicos, especialistas e profissionais levarem a sério essa distinção importantíssima entre recursos humanos e não humanos. Entenda, os recursos não humanos de um negócio — como máquinas, por exemplo — são objetos mortos, inertes. Eles não pensam. Eles não têm emoções, egos ou interesses individuais. E eles não retaliam quando sentem que foram tratados injustamente. Além disso, eles não precisam ser motivados para desempenhar bem. Eles estão dispostos a trabalhar 24 horas por dia, e seguem ordens sem questionar. Além disso, não estão preocupados com estabilidade profissional, não sentem a necessidade de serem reconhecidos por suas realizações, e quando não são mais necessários, podem ser descartados sem conseqüências.

— Conheço alguns gerentes que diriam que isso parece a descrição de um funcionário ideal — disse Phil com uma risadinha.

— Tenho certeza de que você conhece — disse Sam. — Mas também tenho certeza de que nenhum deles é um grande gerente que alcance regularmente resultados extraordinários.

— Você está completamente certo — concordou Phil.

Sam prosseguiu:

— Administrar recursos não humanos é realmente muito simples. Toda a informação de que o gerente necessita para utilizar esses recursos está disponível e é quantificável, mensurável e fácil de comparar com algum padrão ou objetivo predeterminado. Estou falando sobre coisas como retorno por investimento, produção por hora, índice de rejeição e assim por diante. Então, tendo por base uma análise dos resultados dessas comparações, o gerente realiza as decisões necessárias de modo racional ou analítico, a partir de um ponto de vista muito distanciado.

— Isso não costuma ser chamado de *administrar através de fórmulas?* — indagou Phil.

— Precisamente — replicou Sam. — E é exatamente assim que os recursos não humanos *devem* ser administrados. Por outro lado, administrar através de fórmulas é um método que desaba muito depressa quando é aplicado a pessoas.

— Por quê?

— Porque as pessoas são muito diferentes dos recursos não humanos sob alguns aspectos importantíssimos — respondeu Sam. — Em primeiro lugar, elas estão *vivas*, e não inertes. Isso significa que podem pensar ao invés de simplesmente responder. Assim, elas escolhem comportar-se de formas que servem melhor aos interesses individuais *delas*. Isto significa que elas decidem o quanto vão se esforçar no trabalho, como irão cooperar, o quanto irão se comprometer para com um conjunto de objetivos. Além disso, quando elas acham que foram injustiçadas, elas retaliam, e se não gostam do sistema pelo qual são administradas, encontrarão formas engenhosas de derrotá-lo. Em contrapartida, reagem muito positivamente a demonstrações genuínas de gentileza, amizade e carinho. Além disso, trabalham melhor num ambiente no qual sintam-se seguras, sejam tratadas seriamente como indivíduos e tenham seus esforços apreciados e reconhecidos — um ambiente no qual se sintam *respeitadas* enquanto indivíduos.

— Acho que estou começando a entender — disse Phil. — Aplicar fórmulas administrativas rígidas a pessoas retira o elemento humano de alguma coisa que por sua própria natureza *precisa* ser humana.

— Exatamente! — exclamou Sam. — Veja, administrar recursos humanos rigidamente através de fórmulas significa que os gerentes raramente interagem com seus funcionários, o que lhes permite permanecer frios e distantes. Isto os coloca numa posição na qual eles tentam administrar seus funcionários como se fossem realmente recursos não humanos, como máquinas. A teoria da administração de pessoas através de fórmulas é a seguinte: o gerente deve estabelecer um conjunto de padrões de desempenho ou métrica, colocá-los em prática, e então observar os funcionários enquanto tentam alcançar esses padrões de desempenho. Depois o papel do gerente é recompensar apenas aqueles que tiveram um desempenho dentro ou acima do padrão, um trabalho fácil porque ele se mantém distanciado de seus funcionários.

— Eu nunca tinha pensado dessa forma — meditou Phil. — Administrar funcionários segundo fórmulas transmite uma mensagem muito clara de que eles, enquanto indivíduos, não são respeitados, e que são dispensáveis e sem valor.

— Você está certo — disse Sam.

Phil pensou durante alguns segundos e então perguntou:

— Se administrar pessoas através de fórmulas passa a elas a mensagem errada, então por que tantos gerentes empregam essa abordagem?

— Excelente pergunta — elogiou Sam. — Existem basicamente duas razões. Primeira, é tudo que eles sabem. É o que aprenderam nos livros didáticos, e é o método administrativo que é reforçado pelos gerentes *deles*. Segundo, administrar pessoas através de fórmulas realmente produz resultados, embora não cheguem aos pés daqueles gerados pelo Fator X. Entenda, a maior parte das pessoas precisa de dinheiro para alimentar suas famílias e pagar as contas. Portanto, até um certo ponto, elas estão dispostas a receber ordens e serem controladas através de fórmulas em troca de um cheque-salário. Mas é só até aí que elas chegam. Se você insistir em administrar pessoas através de fórmulas, nem sonhe em alcançar resultados extraordinários.

— Se administrar através de fórmulas não funciona, então como você deve administrar pessoas se quiser domar o Fator X? — indagou Phil.

Sam olhou para Phil e sorriu.

— De que passo no Modelo PRAM estamos falando neste momento?

— Relacionamentos.

— Isso mesmo! — exclamou Sam, mais uma vez. — Você administra pessoas com uma ferramenta administrativa que é 100% humana: *relacionamentos.*

— Como assim? — perguntou Phil.

— Você lembra como, há apenas alguns minutos, você disse que administrar pessoas através de fórmulas retira o elemento humano de uma coisa que, por sua própria natureza, precisa ser humana?

— Sim, lembro.

Sam prosseguiu:

— Bem, administrar através de relacionamentos coloca a humanidade necessária de volta no processo de administrar pessoas. Entenda, antes que você possa administrar através de relacionamentos, você primeiro precisa *desenvolver* relacionamentos. E isso forçará você a fazer uma coisa muito humana que a administração através de fórmulas não consegue. Ela força você a sair do seu escritório e se envolver pessoalmente com cada um dos seus funcionários, porque o envolvimento pessoal é a única forma de permitir aos relacionamentos se desenvolverem.

Phil perguntou:

— O que este envolvimento pessoal gera?

— Montes de contatos informais — respondeu Sam. — Por exemplo, cada gerente desta companhia circula regular e freqüentemente entre seus funcionários solicitando seus pensamentos e opiniões enquanto escuta ativamente o que eles têm a dizer. Escutar é essencial porque transmite uma mensagem clara de que o gerente realmente acredita que cada indivíduo é importante.

— Não é isso que a Hewlett-Packard se refere como "administração ambulante"?

— Exato! — concordou Sam. — E exatamente como a Hewlett-Packard, nós abraçamos esta atividade como uma parte extremamente importante da cultura de nossa companhia e a vemos como um componente essencial para o nosso sucesso geral!

— Entendo o que você está dizendo, mas ainda não tenho certeza de por que os relacionamentos são tão importantes — disse Phil.

Sam explicou:

— Você vê, os relacionamentos, à medida que se desenvolvem, naturalmente conduzem a uma coisa que é absolutamente necessária se você espera domar o Fator X.

— E o que é? — indagou Phil.

Sam caminhou de volta até seu quadro e escreveu uma única palavra em letras grandes:

CONFIANÇA

Phil contemplou o que estava escrito no quadro.

— Isto é muito interessante — disse ele. — Vi a noção de confiança ser tratada em inúmeras publicações recentes, mas nenhum dos autores parecia realmente saber o que fazer com ela ou onde ela se encaixa no esquema geral das coisas.

— Excelente observação! — exclamou Sam. — Deixe-me mostrar onde isso se encaixa. Entenda, as pessoas sentem-se muito dispostas a dar o máximo de si por um gerente em quem elas confiem, mas elas nem consideram fazer isso por um gerente em quem não confiem.

— Eu concordo — disse Phil.

Sam continuou:

— Quando o nível de confiança é elevado, as pessoas se sentem confiantes de que a situação entre elas e seu gerente vai ser realmente de "vencer-vencer". Ou seja, sabem que se derem o máximo de si por seu gerente, esse gerente fará o mesmo por elas de alguma forma significativa. Confiança é isso. Por outro lado, se não houver confiança, as pessoas automaticamente considerarão que a situação entre elas e seu gerente vai ser de "vencer-perder". Ou seja, se derem o máximo de si por seu gerente, ele simplesmente irá se aproveitar delas.

— Isso nos faz voltar à questão do interesse pessoal, certo?

— Certíssimo — retrucou Sam. — Quando o nível de confiança é elevado, as pessoas vêem com muita clareza que trabalhar arduamente para ajudar seu gerente a perseguir seu interesse pessoal (resultados extraordinários) também é uma perseguição vigorosa de seus próprios interesses pessoais. Conseqüentemente, podem ficar altamente motivadas para direcionar seus melhores esforços a esse objetivo. Por outro lado, se não houver confiança, as pessoas não vêem nenhuma conexão entre ajudar seu gerente a perseguir seu interesse pessoal e a perseguição de seus próprios interesses pessoais. Sem essa conexão, não têm nenhum motivo para se sentirem empolgadas por ajudar seu gerente a alcançar resultados extraordinários.

Phil pensou um instante antes de dizer:

— O que isto significa é que se não existir confiança entre mim e as pessoas que trabalham para mim, o melhor que posso esperar é que essas pessoas façam o que é preciso para receber seus cheques-salário — e pouco mais.

— Absolutamente certo — concordou Sam. — Além disso, como a maioria dos gerentes não compreende o papel vital que a confiança desempenha no processo para alcançar resultados extraordinários, não passam muito tempo com seus funcionários, e portanto não conquistam sua confiança. Isto, tanto quanto qualquer fator isolado, ajuda a explicar por que tantos gerentes alcançam resultados comuns.

— Bem, eu concordo que a confiança é um ingrediente crítico para o sucesso de um gerente, mas como posso desenvolvê-la com pessoas que trabalham para mim?

— Na verdade é muito simples — disse Sam. — Em primeiro lugar, jamais esqueça o que é confiança. É a garantia mútua de saber que se eu der o máximo de mim por você, quando for a sua vez você dará o máximo de si por mim. Em segundo lugar, compreenda que a confiança é uma coisa que precisa ser conquistada através de ação. Você não pode convencer pessoas com um argumento de que confiar em você é do interesse delas. Se isso fosse possível, a expressão em que as pessoas menos confiam não seria "*Confie em mim*".

Phil riu.

Sam continuou:

— Em terceiro lugar, reconheça, como eu disse antes, que os relacionamentos, à medida que se desenvolvem, conduzem naturalmente à confiança. Se você praticar "administração ambulante", já terá implementado um sistema para gerar relacionamentos.

Enquanto estiver visitando regularmente pessoas que trabalham para você, procure por oportunidades para demonstrar que você se importa genuinamente com elas, e que você leva a sério o fato de que o seu trabalho mais importante como gerente é apoiá-las.

— Como devo fazer isso? — perguntou Phil.

Sam sorriu.

— Por mais que possa parecer trivial, a coisa mais importante que você deve fazer para demonstrar que se importa com as pessoas que trabalham para você é perguntar suas opiniões, ouvir o que elas têm a dizer, e então realizar qualquer ação construtiva que seja requerida. O segredo para fazer isso funcionar é sempre ser você mesmo. Você sabe, os gerentes que alcançam resultados extraordinários não são arrogantes ou superficiais, eles não jogam jogos, e não são sedentos de poder. Ao invés disso, eles são *reais*, e é assim que se relacionam com seus funcionários.

— Tenho a impressão de que os gerentes da sua companhia realmente levam a sério o fato de que as pessoas são seu recurso mais importante — comentou Phil.

— É claro — respondeu Sam. — E a cultura nesta companhia apóia fortemente essa prática. Além da "administração ambulante", todos os gerentes desta companhia, inclusive eu, praticam uma política de porta aberta. Essas duas atividades proporcionam diversas oportunidades para os gerentes gerarem relacionamentos que conduzem à confiança.

— O que você está dizendo é que criou nesta

companhia uma cultura que torna o trabalho de um gerente em construir relacionamentos ao mesmo tempo fácil e natural — disse Phil.

— Você acertou em cheio. O nosso compromisso com a informalidade facilita muito essa tarefa. Por exemplo, todos nesta companhia se tratam pelo primeiro nome e sem formalidades. Todos os gerentes, incluindo eu, trabalham em escritórios sem paredes ou portas, e não usamos títulos que passem a idéia de que uma pessoa é mais importante do que outra. Além disso, a informação sobre esta companhia e o seu nível de desempenho não é detida pelo gerentes como uma fonte de poder, mas compartilhada abertamente com todos.

— Estou muito impressionado — disse Phil. — Nunca ouvi falar de uma cultura de companhia que torne tão fácil para um gerente fazer as coisas certas.

— Vou aceitar isso como um elogio — disse Sam com um sorriso. — Mas não é realmente tão difícil assim depois que você compreende quais são as coisas certas.

— Há mais uma coisa que me intriga — disse Phil.

— O quê?

— Respeito — disse Phill. — Não falamos sobre o componente de respeito do interesse individual relacionado com o trabalho. Esse não é o elemento mais importante do passo Relacionamentos do Modelo PRAM?

— É sim — respondeu Sam, sorrindo. — Quando você, enquanto gerente, se esforça para fazer todas as coisas necessárias para desenvolver relacionamentos que despertem a confiança de cada um de seus funcionários, você demonstra claramente que os respeita.

— Então criar relacionamentos que conduzam à confiança e demonstrar respeito são a mesma coisa? — perguntou Phil.

— Com toda certeza — disse Sam. — Depois que os seus funcionários sentirem que você os respeita enquanto indivíduos, você estará numa posição para deixá-los empolgados sobre o que eles fazem — o que nos conduz ao passo Acordos do Modelo PRAM.

Mais uma vez, Phil pegou seu bloco para anotar o que tinha acabado de aprender.

Relacionamentos: Um Resumo

Antes que as pessoas possam ficar empolgadas por ajudar seu gerente a alcançar resultados extraordinários, elas precisam primeiro sentir que seu gerente as respeita como indivíduos. Demonstrar respeito é fácil. Como gerente, você precisa criar com seus funcionários Relacionamentos que conduzam à confiança. Você faz isso:

1. Circulando regular e freqüentemente entre seus funcionários

2. Perguntando quais são seus pensamentos e opiniões
3. Ouvindo o que eles têm a dizer
4. Realizando qualquer ação construtiva que seja necessária

CAPÍTULO

7

Passo Três: Acordos

Sam caminhou até o quadro. Desta vez ele escreveu:

DIMENSÕES BÁSICAS DE TRABALHOS
• O QUÊ • POR QUÊ

— Existem duas dimensões básicas para cada trabalho — disse Sam. — Existe a dimensão *o quê* e a dimensão *por quê*. O que você acha que significa a dimensão "o quê"?

— Provavelmente o conteúdo básico e a natureza do trabalho — respondeu Phil. — Isto incluiria coisas como a variedade de tarefas a serem realizadas, o nível de desafio e esforço associado a essas tarefas, a quantidade de autonomia dada ao indivíduo que está executando essas tarefas, bem como as expectativas de desempenho e o pagamento associado com o trabalho.

— É precisamente isso — disse Sam. — A forma segundo a qual esses elementos da dimensão "o quê" estão estruturados é o que torna um trabalho mais ou menos agradável, atraente ou satisfatório. O problema, entretanto, é que a dimensão "o quê" de um trabalho, a despeito do quão cuidadosamente ela for configurada, não pode empolgar as pessoas a darem o máximo de si para ajudar seu gerente a conquistar resultados extraordinários.

— Por que será? — disse Phil.

— Porque executar uma série de tarefas em troca de um cheque-salário, *por si só*, não oferece ao indivíduo nenhuma sensação de significado — explicou Sam. — Entenda, executar um trabalho apenas por um cheque-salário é como caminhar numa esteira rotativa. Depois que você percebe que o seu esforço não o está levando a parte alguma, o trabalho rapidamente perde seu apelo e se torna tedioso.

— Acho que você quer dizer que quando o trabalho *proporciona* ao indivíduo uma sensação de significado, ele não se vê caminhando numa esteira rotativa. Em vez disso, ele se vê perseguindo uma causa valiosa ou um objetivo no qual acredita.

— Isso mesmo — disse Sam. — É a perseguição de uma causa como essa que cria a empolgação necessária para domar o Fator X. É isso que significa a dimensão "por quê" do trabalho.

— Estou acompanhando o seu raciocínio, mas não tenho certeza se compreendo de onde vem a empolgação.

— Deixe-me compartilhar com você uma coisa que aconteceu comigo há muito tempo. Nos meus tempos de escola secundária, joguei dois anos seguidos no time de basquete. No primeiro ano, em todos os jogos e fiz a maioria das cestas. No ano seguinte, passei a maior parte do tempo no banco e como jogador de treinamento. Que experiência você acha que considerei a mais empolgante?

— Obviamente, a do ano em que você atuou em todos os jogos e foi o cestinha do time.

— O que faz você pensar isso?

— Você foi a estrela — declarou Phil. — Você foi a pessoa mencionada nos quadros de aviso.

Sam sorriu.

— Agora deixe-me contar o resto da história. No ano em que comecei todos os jogos e fui o cestinha, o time não ganhou um só jogo durante toda a temporada. Mas no ano em que fiquei sentado no banco a maior parte do tempo, o time ganhou o campeonato estadual. Agora, que experiência você acha que eu considerei mais empolgante?

Phil olhou para Sam, balançou a cabeça e sorriu, porque sabia que Sam acabara de armar uma armadilha para ele.

— Aquela que o time ganhou o campeonato estadual.

— Com toda certeza — disse Sam. — E por que você acha que foi assim?

— Porque, mesmo como estrela do time, você foi parte de uma causa perdida. Você pode ter acumulado muitas vitórias pessoais, mas todo esse esforço não o levou a parte alguma. Aposto que depois de algum tempo perder os jogos se tornou muito frustrante e embaraçoso.

— Com toda franqueza, achei que aquela temporada não ia acabar nunca — disse Sam. — Até pensei em abandonar o time em várias ocasiões.

Phil continuou:

— No ano seguinte, você ficou no banco e atuou como jogador de treinamento, mas os seus esforços foram direcionados para uma causa que tinha significado: vencer um campeonato estadual. Você deve ter se sentido muito bem com essa experiência.

— A lembrança daquela temporada me empolga até hoje — disse Sam.

— Acho que estou começando a compreender a conexão entre significado e empolgação — disse Phil.

— O que eu realmente gostaria de saber é o que fez a diferença entre aqueles dois times.

— Foi o treinador — explicou Sam. — A pessoa que treinou o time que perdeu os jogos entendia muito de basquetebol e realizou um belo treinamento com a gente. O problema era que ele nunca tinha tempo de nos ajudar a estabelecer alguns objetivos de equipe. Ele apenas nos mandava entrar na quadra e vencer. Sem nenhuma causa para nos unir, nós nunca nos sentimos realmente como uma equipe. Como resultado, cada membro da equipe basicamente cuidou de si mesmo tentando conquistar vitórias pessoais. E quanto mais perdíamos, pior a situação ficava, porque só nos restava lutar por estatísticas pessoais. A experiência como um todo foi muito negativa.

— O que aconteceu no ano seguinte? — perguntou Phil. — Vocês arranjaram um novo treinador?

— Arranjamos. O nosso novo treinador não entendia tanto de basquete, e o treinamento ao qual ele nos submeteu não foi tão árduo, mas ele definitivamente compreendia o que um senso de significado ou propósito podia fazer por um time de basquete.

— O que ele fez de diferente?

— Depois de uma avaliação completa dos talentos no nosso time, ele nos apresentou um plano. Ele disse que tinha decidido por uma escalação inicial de jogadores mais baixos e mais rápidos do que a do ano anterior. Ele achava que a nossa vantagem estava na velocidade. Ele reconheceu que muitos de nós não iríamos jogar tanto quanto no ano anterior, enquanto outros teriam muito mais oportunidades.

— Como esse plano afetou você? — indagou Phil.

— Admito que, como um dos jogadores mais altos, porém mais lentos, eu não gostei nem um pouco do plano dele. Lembro de ter cruzado os braços e fechado a cara quando ouvi a notícia — falou Sam.

— Então, o que aconteceu? — perguntou Phil.

— O que o treinador disse em seguida pegou todos nós de surpresa — disse Sam. — Ele disse que, considerando o talento que tínhamos, se nós nos juntássemos como um grupo e trabalhássemos duro, seríamos capazes de ganhar o campeonato estadual.

— Aposto que nessa hora o seu novo treinador capturou a atenção de todo mundo — disse Phil.

— E como — respondeu Sam. — Todos sonhávamos vencer um campeonato estadual, mas nenhum de nós acreditava realmente que isso iria acontecer um dia. E aqui estava o novo treinador dizendo que se aceitássemos nossos papéis e trabalhássemos duro, nossos sonhos mais loucos poderiam se tornar realidade. Desse dia em diante, estávamos numa missão. Não éramos mais um agrupamento de indivíduos que havia se juntado para jogar basquete. Éramos uma equipe altamente comprometida perseguindo um sonho. Todos ficamos muito empolgados.

— O fato de estar perseguindo o objetivo de vencer o campeonato mudou a sua atitude em relação ao seu papel como jogador reserva e de treinamento? — perguntou Phil.

— Claro que sim — respondeu Sam. — Veja, perseguir o sonho de vencer o campeonato concedeu propósito ao papel de ser um jogador reserva e de treinamento. Nossos trabalhos eram tão importantes quanto os dos jogadores escalados. Quanto melhor atuávamos como jogadores de treinamento, melhor preparávamos o time escalado para o jogo seguinte. Além disso, como reservas, precisávamos estar prontos para entrar na quadra e jogar caso alguém fosse eliminado por falta ou se machucasse. Vou lhe contar uma coisa: nossos treinos eram intensos e todo mundo dava o máximo de si.

— Que história maravilhosa — comentou Phil. — Certamente esclarece a conexão entre significado e empolgação. Mas o que o significado tem que gera empolgação?

— Essa é uma pergunta muito boa — disse Sam. — A maioria das pessoas não percebe isso, mas a necessidade mais dominante e premente entre os seres humanos é a de encontrar significado em suas vidas. As pessoas querem fazer uma contribuição para alguma coisa importante e saber que sua vida não vai passar em branco. Essa necessidade é tão poderosa que os seres humanos mantêm uma busca constante, persistente e quase desesperada por ela.

— Estou vendo de onde vem a empolgação — disse Phil. — Como as pessoas estão quase desesperadas em sua busca por significado, quando elas o encontram, ficam extasiadas.

— Sempre — frisou Sam. — E mais importante: depois que as pessoas encontram um significado em suas vidas, elas se sentem mais do que dispostas por trabalhar arduamente e fazer tudo que for necessário para não deixar esse significado escapar.

— As peças começam a se encaixar — disse Phil. — E tudo parece tão simples! Tudo que os gerentes precisam fazer para levar as pessoas a darem o máximo de si para ajudá-los a alcançar resultados extraordinários é, de alguma maneira, conectar sua necessidade perene e dominante com algum significado no trabalho que precisa ser feito.

— E isso é realmente fácil quando você pensa no assunto. A necessidade por significado já está lá, e as pessoas estão quase desesperadas por satisfazê-la. Tudo que você precisa fazer é oferecer às pessoas uma oportunidade para encontrar significado no que elas fazem, e de repente você tem pessoas comuns alcançando resultados extraordinários.

— Se isto é tão simples e funciona tão bem, por que não há mais gerentes administrando dessa maneira? — indagou Phil.

— Excelente pergunta — respondeu Sam. — O mais irônico a respeito da necessidade por significado é que embora ela seja a necessidade mais dominante e premente dos seres humanos, a maioria das pessoas mal percebe que procura por ela. É uma coisa sobre a qual a gente não pensa muito. Por causa disso, a necessidade por significado recebeu pouquíssima atenção da parte dos acadêmicos e ainda menos atenção da parte dos profissionais de administração.

— Sabe o que eu acho ainda mais irônico? — indagou Phil.

— O quê?

— Que o motivador mais poderoso seja um segredo tão bem guardado.

— Bem lembrado — disse Sam. — É o que ajuda a explicar por que não existe um número maior de grandes gerentes. Se um gerente não está informado a respeito do motivador mais poderoso, como ele será capaz de domar o Fator X?

— E é muito difícil conectar a necessidade das pessoas por significado com o trabalho que precisa ser feito? — perguntou Phil. — Significado não significa coisas diferentes para pessoas diferentes?

— Tenho boas notícias e más notícias — retrucou Sam com um sorriso. — A má notícia é que significado significa coisas diferentes para pessoas diferentes. A boa notícia é que, no trabalho, há uma coisa que parece universal em seu apelo para satisfazer a necessidade das pessoas por significado.

— E o que é? — perguntou Phil.

Sam caminhou até seu quadro e escreveu:

SER O MELHOR

— Se observar companhias diferentes que são realmente as líderes em seus respectivos campos de atuação, você verá que todas elas têm uma coisa em comum: o compromisso em ser a melhor em alguma coisa. Um dos aspectos mais fundamentais do significado é que as pessoas preferem pensar em si mesmas como vencedoras do que como perdedoras. Em decorrência disso, estão sempre procurando formas de validar essa idéia. Uma forma das pessoas validarem a si mesmas como vencedoras é fazer parte de uma organização que seja ou a melhor ou que tenha o compromisso de ser a melhor.

— Isso faz muito sentido — disse Phil. — Fazer parte de uma organização comprometida em ser a melhor proporciona a um indivíduo uma validação muito convincente de que ele é, realmente, um vencedor.

— Exato — disse Sam. — Fazer parte de alguma coisa que seja a melhor cria empolgação e gera esforços extraordinários do topo à base de uma organização. Pergunte a qualquer funcionário na Intel qual é o maior fabricante de *chips* do mundo, e ele terá uma satisfação imensa de dizer a você. Pergunte a funcionários da Southwest Airlines qual companhia aérea é a melhor, e eles lhe dirão orgulhosamente que a Southwest é a companhia aérea número um em termos de pontualidade, manipulação de bagagens e atendimento ao cliente. Você verá que o mesmo vale para os funcionários de empresas como Nordstrom, Disney, Ritz-Carlton e Hewlett-Packard. Cada uma dessas companhias é líder em seu respectivo campo, e cada uma é a melhor no que faz.

— Impressionante — disse Phil. — Mas como eu, como gerente, descubro no que devo ser o melhor?

— É muito simples: pedindo às pessoas que trabalham para você para descobrir isso.

— E como se faz isso?

— Juntando os funcionários para uma série de reuniões, nas quais você pede que eles o ajudem a responder a três perguntas.

Então Sam caminhou até o seu quadro e começou a escrever. Quando terminou, estava escrito:

- EM QUE COISAS QUEREMOS SER OS MELHORES?
- COMO DEFINIMOS O QUE É SER O MELHOR?
- COMO FAREMOS PARA NOS TORNARMOS OS MELHORES NAS COISAS QUE ESCOLHERMOS?

Sam continuou:

— Dependendo do tamanho da sua organização, este processo pode exigir um certo número de reuniões, mas no fim um consenso emergirá para cada uma das perguntas. Nesse ponto, você terá conectado com sucesso a necessidade por significado nas pessoas que trabalham para você com o trabalho que precisa ser feito. Você terá transformado o trabalho a ser feito numa causa que deixará os seus funcionários empolgados. Agora, ao invés de uma coleção de indivíduos, todos com suas próprias listas de interesses, terá uma equipe altamente coesa que se compromete a trabalhar arduamente para ajudar você, seu gerente, a alcançar resultados extraordinários.

— Acho que passar por esse processo pode ser muito empolgante — declarou Phil.

— E é — replicou Sam. — E mais do que isso, é divertido. Também é uma oportunidade excelente para reforçar o fato de que você respeita seus subalternos, ou seja, que você realmente vê cada um deles como um indivíduo.

— Acho que entendo o significado do interesse pessoal relacionado ao trabalho. Mas esta também devia ser uma discussão sobre o passo Acordos do Modelo PRAM. Até aqui, nós nem mencionamos a palavra "acordo". Como o conceito de um acordo se encaixa em tudo isto?

— Como você chamaria o processo para deixar as pessoas empolgadas em dar o máximo de si para ajudá-lo a alcançar resultados extraordinários em troca de que você lhes dê uma oportunidade de satisfazer a necessidade delas por significado? — perguntou Sam.

Phil meneou a cabeça, olhou para Sam, sorriu e disse:

— Você me pegou de novo. É o processo de alcançar um acordo entre um gerente e seus subalternos?

— Amém! — disse Sam com uma risadinha. — E é um processo de vencer-vencer! Agora, vamos falar sobre o passo Manutenção do Modelo PRAM.

Nesse ponto, Phil tirou seu bloco do bolso e começou a fazer sua anotação seguinte.

Acordos: Um Resumo

Significado é o que cria a empolgação necessária para domar o Fator X. Criar oportunidades para as pessoas satisfazerem sua necessidade por significado no trabalho é fácil. Como gerente, você precisa alcançar um Acordo com os seus subalternos concernente a:

1. Em que coisas queremos ser os *melhores*?
2. Como definimos o que é ser o *melhor*?
3. Como faremos para nos tornarmos os *melhores* nas coisas que escolhermos?

CAPÍTULO

8

Passo Quatro: Manutenção

Sam caminhou até sua mesa e pegou um ratinho de brinquedo. Depois de girar a corda várias vezes, colocou o ratinho no chão. O ratinho imediatamente começou a andar num padrão circular em ziguezague. Passados dez segundos, parou.

— Por que o ratinho parou? — perguntou Sam.

— Porque a corda que o movia acabou — foi a resposta de Phil.

— Está certo — disse Sam. — Agora, você consegue pensar em alguma maneira de impedir que isto aconteça?

— Sim — respondeu Phil. — Tudo que você precisa fazer é pensar numa maneira de dar a corda enquanto ela estiver acabando, sem deixar o brinquedo parar de funcionar.

— Exato! — exclamou Sam. — Assim a fonte de energia que propele o ratinho estaria num estado constante de renovação, significando que o ratinho continuaria andando indefinidamente. O mesmo vale para as pessoas que trabalham para você. Neste ponto do processo, você empolgou as pessoas, e sua empolgação é como a mola que está no interior do rato de brinquedo. É a fonte de energia que lhes permite dar o máximo de si para ajudar você, seu gerente, a alcançar resultados extraordinários. Se você quer se tornar um grande gerente, precisa impedir que esse nível de empolgação se esgote. É isso que significa o componente renovação do passo Manutenção do Modelo PRAM.

— Você quer dizer que se eu desejo me tornar um grande gerente, cabe a mim manter o nível de empolgação dos meus subalternos num estado constante de renovação?

— Precisamente — disse Sam. — Contanto que eles continuem empolgados, continuarão a dar o máximo de si, o que significa que você continuará a alcançar resultados extraordinários como gerente. Por outro lado, no instante em que a empolgação cair, você voltará a ser um bom gerente que alcança resultados comuns.

— Eu fico um pouco assustado com a responsabilidade de manter um nível elevado de empolgação a longo prazo — refletiu Phil.

— Não precisa ficar assustado. O conceito de renovação diz respeito a demonstrar, de *várias* formas importantes, que você realmente respeita e se importa com as pessoas que trabalham para você. Na verdade, essa é a parte mais fácil e divertida de domar o Fator X. Tudo que você precisa fazer é manter as três coisas que já colocou em andamento.

Mais uma vez, Sam caminhou até seu quadro. Ele escreveu:

RENOVAÇÃO SIGNIFICA QUE VOCÊ PRECISA MANTER

- SEUS ACORDOS
- SEUS RELACIONAMENTOS
- SEUS PLANOS

— Estou entendendo por que este passo do Modelo PRAM é chamado de Manutenção — disse Phil. — Mas você também está me dizendo que a renovação tem *três* dimensões separadas e distintas?

— Sim, e se você espera domar o Fator X, precisa lidar com eficácia com todas as três.

— Como eu faço tudo isto? — perguntou Phil.

— Vamos começar no topo da lista, com acordos. Você precisa fazer um acordo com seus funcionários para lhes prover uma oportunidade de satisfazer sua necessidade por significado em troca de se empolgarem por dar o máximo de si para ajudar você a alcançar resultados extraordinários. Um aspecto muito importante de manter a empolgação viva é certificar-se de que você fará sua parte do acordo.

— Como posso fazer isto? — indagou Phil.

Sam sorriu.

— Quando você montar este acordo com seus funcionários, terá prometido implícita ou explicitamente duas coisas a eles.

Sam caminhou até seu quadro e escreveu:

- APOIO
- VALIDAÇÃO COMO VENCEDORES

— Apoio significa que você, enquanto gerente, precisa mostrar que *não fala da boca para fora* quando se compromete com seus subalternos. Ou seja, que você encara com seriedade a idéia de que eles são o seu segundo recurso mais importante e que seu trabalho número um é *apoiá-los*.

— Como faço isto?

— Fornecendo aos seus subalternos ferramentas, treinamento, recursos e liberdade necessários para ajudá-los a fazer bem seus trabalhos. Entenda, um indivíduo perderá rápido o interesse por perseguir até a causa mais nobre se não receber o apoio para fazer bem o seu trabalho. É como se lhe pedissem para pintar uma casa grande com um pincel pequeno quando ele sabe que existe um *spray* de tinta que poderia ajudá-lo a fazer esse serviço com muito mais competência e rapidez, mas seu gerente não lhe permite usá-lo.

— Isso faz sentido — disse Phil. — Não receber o apoio necessário para fazer bem seu trabalho é quase como ser um escravo remando uma galé antiga: você faz um esforço imenso, mas não obtém nenhuma satisfação. Isso pode ser muito frustrante.

— É claro — respondeu Sam. — E depois que a frustração ocorre, a empolgação desaparece, o que significa que você jamais alcançará resultados extraordinários.

— Acho que vejo mais um problema — disse Phil.

— Qual?

— Ao não prover o apoio necessário, você estará enviando aos seus subalternos uma mensagem muito clara de que você não está realmente compromissado com a causa. Isto, por sua vez, reduz a confiança entre você e seus funcionários — o que prejudica ainda mais a sua eficácia como gerente.

— Muito bem colocado! — exclamou Sam.

Ele fez uma pausa para refletir durante alguns segundos, e então continuou:

— O segundo aspecto de manter o seu acordo com os seus funcionários é validar cada um deles como um vencedor. Vamos considerar que os seus funcionários tiveram um desempenho da forma que você queria. Eles deram o máximo de si para ajudá-lo a alcançar resultados extraordinários. O que isto significa é que sua equipe gastou uma grande quantidade de energia durante um determinado período de tempo, e agora você parece um herói. Se espera que eles continuem este nível elevado de desempenho em seu benefício, então você precisa mostrar que o desempenho valeu a pena para eles.

— Como faço isso? — indagou Phil.

— Lembra de como no começo da nossa conversa eu apontei que o vencer-vencer é o coração do processo de domar o Fator X?

— Sim, lembro.

— Bem, devido ao trabalho árduo dos seus subalternos, você é um gerente superestrela — esse foi o seu “vencer”. Agora cabe a você fazer com que o trabalho árduo que eles executaram em seu benefício também resulte num “vencer” para eles. O que você quer evitar aqui é aquilo que eu chamo de a Síndrome da Guerra do Vietnã.

— Síndrome da Guerra do Vietnã? — disse Phil com uma expressão perplexa.

Sam sorriu e continuou:

— Eu, como muitas outras pessoas, passei algum tempo no Exército durante a Guerra do Vietnã. Durante meu período de alistamento, passei um ano no Vietnã. Antes de ir para lá, o Exército me treinou muito bem e me deixou muito empolgado sobre as causas nobres de servir meu país e fazer minha parte para ajudar a preservar a liberdade. Quando cheguei ao Vietnã, o Exército me proveu com o melhor equipamento no mundo para me possibilitar realizar meu trabalho. Em outras palavras, o Exército me *apoiou* muito bem. Durante os próximos doze meses, trabalhei doze ou mais horas por dia, sete dias por semana, com apenas uma semana de folga para descanso e recuperação.

— Lá não era muito quente e úmido, também? — disse Phil.

— E como! Trabalhei muito duro naquele ano num ambiente hostil, o tempo inteiro pensando que estava fazendo algo bom. Durante esse período numa zona de combate, eu literalmente arrisquei minha vida para perseguir o que eu considerava uma causa nobre em benefício do meu país. Quando voltei para casa, sentia muito orgulho do que havia feito e fiquei muito surpreso quando descobri que ninguém aqui apreciava isso. Não houve comitê de boas-vindas, parada ou celebração. Ninguém me disse um "muito obrigado".

— Aposto que você ficou arrasado — disse Phil.

— Arrasado, deprimido e muito zangado — respondeu Sam. — Eu tinha acabado de dar o máximo de mim, até arriscado minha vida, e tudo que eu ia receber em troca seriam cheques-salário e alguns benefícios educacionais.

— Isso não parece uma situação vencer-vencer — disse Phil. — Você deve ter se sentido traído e usado.

— Foi exatamente assim que me senti — disse

Sam. — Como resultado, ao invés de me sentir um vencedor por causa do que eu tinha feito, eu agora me sentia um perdedor. Eu lembro de ter pensado que se eu tivesse a oportunidade de fazer tudo de novo, provavelmente evitaria a convocação indo para o Canadá e ficando lá até que a guerra terminasse.

— Aposto que você teria pensado justamente o oposto se tivesse sido recebido como herói ao voltar.

— Você está absolutamente certo — respondeu Sam. — Vamos voltar aos meus tempos de escola quando meu time ganhou o campeonato estadual. Sim, ganhar o campeonato foi maravilhoso, mas o que tornou a experiência realmente inesquecível foram as coisas que aconteceram depois. Primeiro, quando voltamos para casa fomos honrados com uma parada, que foi seguida por uma assembléia comunitária na qual o prefeito nos presenteou com as chaves da cidade. Em seguida houve diversas aparições na tevê, uma visita ao gabinete do governador e uma série quase infindável de banquetes nos quais fomos honrados por sermos campeões estaduais. A experiência toda foi tão maravilhosa que cheguei até a me arrepender por não ter mais um ano de escola para poder tomar parte na busca a outro campeonato estadual.

— Eu não tinha a menor idéia de que fazer as pessoas sentirem-se bem com suas realizações era tão importante para sustentar a empolgação — disse Phil. — Eu pensava que as realizações associadas com a busca de uma causa significativa, como se tornar o melhor, eram suficientes.

— Isso seria como vencer o campeonato estadual e ninguém se importar — disse Sam com um sorriso. — Veja, perseguir uma causa *gera* a empolgação necessária para orquestrar o Fator X. Sentir-se muito bem como resultado dessas realizações valida as pessoas como vencedoras e portanto *sustenta* a empolgação.

— É nesse ponto que eu, o gerente, digo "obrigado" pessoalmente aos meus subalternos, reconhecendo todo seu trabalho árduo e conquistas? — perguntou Phil.

— Não se você espera domar o Fator X — respondeu Sam.

— Não estou entendendo — disse Phil.

Sam continuou:

— Os seus funcionários acabaram de dar o máximo de si para ajudá-lo a alcançar resultados extraordinários. Nesse ponto eles estão muito orgulhosos e empolgados com suas realizações, exatamente como minha equipe de basquete na escola secundária quando nós ganhamos o campeonato estadual. Se você, como gerente, espera sustentar esta empolgação, não pode apenas *dizer* a eles que aprecia todo seu trabalho duro e realizações. Você precisa *mostrar* a eles, exatamente como a comunidade fez depois que meu time ganhou o campeonato estadual. O objetivo aqui é que você, o gerente, faça seus subalternos se sentirem tão vitoriosos por ter dado o máximo de si em seu benefício, que mal vejam a hora de poder fazer isso de novo.

— Estou vendo porque essa precisa ser uma situação "vencer-vencer" — disse Phil. — Meus subalternos acabaram de dar o máximo de si para me ajudar a alcançar resultados extraordinários — esse é o *meu* vencer. Quando eu retribuo isso dando o máximo de mim para garantir que todos eles se sintam bem com a vitória, desta forma validando-os como vencedores, esse é o vencer *deles*.

— Exatamente — respondeu Sam. — E isto é uma coisa que os *grandes* gerentes fazem excepcionalmente bem.

— Existe algum segredo particular que os grandes gerentes utilizem para fazer seus subalternos sentirem-se bem depois que obtiveram resultados extraordinários? — perguntou Phil.

— É claro! — exclamou Sam enquanto caminhava mais uma vez até seu quadro. Ele escreveu:

CELEBRAÇÃO

— Celebração — disse Sam. — Os grandes gerentes que alcançam regularmente resultados extraordinários consideram celebrar pessoas por suas realizações sua atividade gerencial mais poderosa.

— O que torna a celebração uma ferramenta tão poderosa? — perguntou Phil.

— Celebrar trabalho árduo e realizações dos seus

funcionários proporciona validações convincentes de que eles são vencedores. Fazer isso renova o espírito humano em cada um dos seus funcionários e portanto recarrega suas baterias. Como resultado, seus funcionários mais uma vez ficam empolgados em dar o máximo de si para alcançar novos resultados extraordinários.

— Espere um pouco — disse Phil. — Celebração foi a grande diferença entre sua experiência no Vietnã e sua experiência no campeonato estadual.

— Eu tenho a impressão de que você está começando a compreender por que os grandes gerentes consideram a celebração uma atividade administrativa tão poderosa — disse Sam.

— Sim, estou. Mas agora tenho uma pergunta para você.

— Vamos ouvi-la — respondeu Sam.

— Com a celebração sendo um aspecto tão importante do apoio à empolgação das pessoas, existem regras a respeito do que é certo e do que é errado ao fazê-las?

— Para ser sincero, existem sim — reconheceu Sam. — Mas não se preocupe. Elas são muito básicas. Primeiro, as celebrações precisam ser reais. Não podem ser simplesmente mais um truque superficial para manipular seus subalternos.

— O que você está dizendo é que para serem eficazes, essas celebrações precisam ser lidas como um "muito obrigado" genuíno, vindo diretamente do coração do gerente?

— Eu não poderia ter dito melhor — elogiou Sam. — A segunda regra para celebrar é garantir que você dará aos seus subalternos *todo* o crédito pelos resultados que tiverem sido alcançados. Jamais reclame o mérito de qualquer resultado. Lembre, o propósito dessas celebrações é honrar seus subalternos, não você, pelo que eles conquistaram. Seus subalternos trabalharam duro, pagaram o preço e obtiveram resultados extraordinários. Portanto, eles merecem todo o crédito.

— Deixe-me ver se estou entendendo — disse Phil. — Isto tem a ver com confiança, não tem? Se você, na condição de gerente, tentar obter crédito por uma coisa pela qual seus subalternos trabalharam muito duro para conseguir, correrá um grave risco de violar a confiança entre você e seus funcionários — o que reduzirá enormemente a sua eficácia como administrador.

— É exatamente isso — disse Sam. — Agora vamos dar uma olhada na terceira regra da celebração. Essas celebrações devem fazer os seus subalternos se sentirem realmente bem com suas conquistas. Os seus subalternos trabalharam muito duro, e estão muito orgulhosos de suas realizações. Portanto, é muito importante que essas celebrações proporcionem a eles a oportunidade de *celebrar* suas conquistas.

— Celebrar suas conquistas?

— Exatamente, e você pode fazer muitas coisas para facilitar isso. Por exemplo, pode produzir um vídeo e fazer uma colagem de fotografias que permitam aos seus subalternos recordarem vividamente momentos importantes na jornada que realizaram até chegar aos seus resultados extraordinários. Você quer que os seus funcionários se lembrem da empolgação e dos momentos mais marcantes desta jornada, bem como dos momentos difíceis pelos quais passaram e dos reveses que superaram. Provavelmente uma das coisas mais importantes que você pode fazer é conseguir que alguém de posto alto na empresa, de preferência o seu presidente, participe da celebração. Apreciação visual por parte do topo da organização acrescenta muita empolgação à celebração. Você também pode contatar o seu departamento de comunicação e pedir que publiquem uma fotografia de grupo dos funcionários no jornal interno, juntamente com um artigo que os elogie por suas conquistas. Você pode escrever cartas pessoais para os familiares dizendo como devem se orgulhar do seu parente que trabalha para você, devido às conquistas extraordinárias das quais ele participou. Vê? As coisas que você pode fazer como gerente para facilitar os festejos são limitadas apenas pela sua imaginação.

— Diga-me, existem regras adicionais para garantir que uma celebração será feita da maneira certa? — indagou Phil.

— Apenas mais uma — disse Sam. — Essas celebrações precisam ser divertidas e festivas. É muito importante que pareçam diversão, e não trabalho. É por causa disso que você deve providenciar comida, bebidas, balões, bandeiras, música, fantasias, jogos, competições e concursos, ou qualquer coisa que torne a celebração um evento realmente alegre e memorável. Mais uma vez, você será limitado apenas por sua imaginação.

Depois de uma pausa, Sam continuou:

— Agora que você entende como manter os seus acordos, vamos dar uma olhada em como manter os seus relacionamentos. Se você não conseguir manter seus relacionamentos com seus subalternos, não demorará muito para que esses relacionamentos comecem a deteriorar. Depois que esses relacionamentos deteriorarem, a confiança que você se esforçou tanto para construir desaparecerá, e o melhor que você poderá fazer será torcer para alcançar resultados comuns.

— O que você está dizendo é que manter os seus relacionamentos é tão crítico para domar o Fator X quanto manter os seus acordos — disse Phil.

— Exatamente.

— E é muito difícil manter esses relacionamentos? — perguntou Phil.

— Na verdade, não — garantiu Sam. — A única coisa realmente difícil é lembrar de fazer, porque isso é muito fácil de ser ignorado. Primeiro, continue a fazer as coisas que você fez para criar esses relacionamentos.

— Como "Administração Ambulante"? — indagou Phil.

— Exatamente.

— Existe mais alguma coisa que eu possa fazer para manter esses relacionamentos?

Sam sorriu enquanto caminhava até o quadro.

— A bem da verdade, existe sim — disse, enquanto começava a escrever:

CELEBRAÇÃO

— Eu achava que celebração fazia parte de acordos de manutenção — disse Phil.

— E faz — respondeu Sam com uma risadinha —, mas envolve celebrar pessoas por suas conquistas. As celebrações também são úteis para manter relacionamentos, e nelas celebramos as pessoas pelo que elas são.

— Que tipo de coisas você celebra como parte do processo de manter relacionamentos? — indagou Phil.

— Aniversários, feriados, aniversários de casamento, aniversários de contratação, uma promoção, a chegada de um filho ou neto, e isso só para citar algumas coisas. A idéia é que você use essas ocasiões especiais como oportunidade para reunir seus funcionários e deixar que eles se divirtam um pouco. Obviamente, essas celebrações devem ser mais espontâneas e menos elaboradas do que quando associadas com os acordos de manutenção, mas também são muito importantes. Entenda, cada vez que você reúne sua equipe para celebrar uma dessas ocasiões especiais, isso lhe proporciona uma oportunidade adicional para manter seus relacionamentos com seus subalternos. Essas celebrações também oferecem oportunidades para os funcionários manterem seus relacionamentos uns com os outros, e isso é igualmente importante.

— Agora tudo que eu preciso saber para domar o Fator X é como manter meus planos — disse Phil.

— Certamente — disse Sam. — Acho que você vai pensar que este passo final é interessante por ser diferente de qualquer coisa que você já ouviu antes. Primeiro, vamos perder alguns momentos para refletir sobre seu plano inicial para domar o Fator X. Você lembra qual era o seu interesse pessoal?

— Sim. Era alcançar resultados extraordinários.

— Lembra quem eram as pessoas que ficavam entre você e o sucesso ou fracasso?

— As pessoas que trabalham para mim — respondeu Phil.

— E o que fez você determinar que era o interesse pessoal delas? — indagou Sam.

— Os três componentes do interesse pessoal relacionados ao trabalho — respondeu Phil. — Respeito, significado e renovação.

— Como você planejou conectar esses dois conjuntos de interesses individuais?

— Implementando os três passos remanescentes do Modelo PRAM — respondeu Phil. — Respeito é o resultado de construir relacionamentos com meus subalternos. Relacionamentos que conduzam à confiança. O significado resulta de trabalhar com meus subalternos para transformar o trabalho que precisa ser feito numa causa, que é ser o melhor em alguma coisa. Renovação resulta de prover meus subalternos com o apoio para executar seus trabalhos com competência, validando-os como vencedores, e fazendo as coisas necessárias para impedir que esses relacionamentos se deteriorem.

— Até aqui, tudo bem. Todas as atividades administrativas que você mencionou no seu plano vão direto ao ponto. Mas existe ainda uma atividade administrativa muito crítica que fica entre você e a sua capacidade de domar o Fator X.

— E qual é?

— Você precisa encontrar alguma maneira de *lembrar* a si mesmo de fazer essas coisas numa base contínua e consistente.

— Por que preciso fazer isso?

— Porque nenhuma das atividades que você mencionou no seu plano de domar o Fator X refletem comportamentos administrativos naturais. Em outras palavras, você não pode considerar que apenas porque compreende todas as coisas que são necessárias para domar o Fator X você vai *automaticamente* assumir o comportamento correto sempre que a situação exigir. Seria maravilhoso se fosse assim, mas não é. A única forma que você pode ter certeza de que irá executar consistentemente esses comportamentos é lembrar continuamente a si mesmo de fazer isso.

— Por quê?

— Isso tem relação com a natureza humana. Como

falamos antes, todos os seres humanos vêm ao mundo já "programados" para satisfazer suas necessidades humanas básicas. Isto significa que perseguir a satisfação dessas necessidades não é uma coisa que exija parar e pensar antes de fazer. É uma reação automática às atividades e eventos que ocorrem em sua vida. Na maior parte do tempo as pessoas nem mesmo percebem que estão perseguindo a satisfação dessas necessidades.

"Por outro lado, as atividades administrativas que são necessárias para domar o Fator X envolvem saber quais são as necessidades dos outros, que não é uma coisa para a qual somos programados para fazer. Esses comportamentos não são automáticos. Você precisa pensar sobre eles antes de executá-los. Se não recordar a si mesmo continuamente que deve fazer essas coisas necessárias para domar o Fator X, você cairá num padrão comportamental que é mais consistente com a forma segundo a qual você foi programado. Como resultado, você ficará gradualmente cada vez mais preocupado consigo mesmo e menos preocupado com seus funcionários. Você realizará menos administração ambulante, ouvirá menos, responderá menos, e pouco a pouco começará a fechar a sua porta aberta. Logo estará tendo pensamentos como "Será que as pessoas acham que o meu tempo é capim?" ou "Meu trabalho seria muito mais fácil se não fossem as pessoas". E antes que se dê conta, será novamente um gerente mediano que obtém resultados comuns.

— O que você acaba de me dizer é muito sensato — disse Phil. — Um gerente pode conhecer todas as respostas sobre como domar o Fator X e ter a melhor das intenções para fazer todas essas coisas, e isso ainda não vai garantir que ele seja bem-sucedido.

— Exato — afirmou Sam. — Conhecimento e boas intenções não são suficientes. Para domar o Fator X, você precisa *continuar fazendo* essas coisas sobre as quais falamos. E a única forma de garantir que você fará essas coisas é lembrando a si mesmo continuamente a respeito delas. Deixe-me dar um exemplo. Há vários anos, eu tive o prazer de visitar o maior revendedor Buick no país, em termos de pontuação no Índice de Atendimento ao Cliente. Depois que passamos alguns minutos nos conhecendo, perguntei a ele: "O que você faz para garantir que sua revendedora seja tão fantástica em termos de atendimento ao consumidor?"

A resposta dele foi: "Não fazemos nada que as outras revendedoras não poderiam fazer, se quisessem. A única diferença é que *nós fazemos*!"

Eu respondi dizendo alguma coisa como "Isso é ótimo", enquanto tentava mudar de assunto.

Nesse momento, o revendedor me disse: "Espere um pouco. Acho que você não entendeu!"

Eu perguntei: "O que eu não entendi?"

Ele continuou dizendo: "Cada um dos meus funcionários sabe que o cliente é o rei e que o atendimento é a nossa prioridade. Eles receberam incontáveis horas de treinamento sobre como prestar um atendimento excepcional aos clientes. Se quiser fazer a qualquer um de meus funcionários perguntas sobre atendimento a clientes, vai descobrir rapidamente que eles sabem todas as respostas. Se você submeter cada um de meus funcionários a um detector de mentiras e perguntar se estão fazendo todas as coisas necessárias para prover um atendimento excepcional aos clientes, garanto que todos passarão com mérito."

— Lembro de que nesse momento comentei: "Agora vejo por que o seu Índice de Atendimento aos Clientes é o melhor do país."

— "Estou vendo que você ainda não entendeu", disse ele. "Tudo que lhe contei até agora é que meus funcionários sabem o que fazer para prover um serviço extraordinário ao cliente, e que eles têm boas intenções em relação a fazer essas coisas. Isso, por si só, não gera o maior Índice de Atendimento ao Cliente do país."

— "Então, o que gera?" — perguntei.

Ele respondeu: "Garantir que meus funcionários realmente façam coisas necessárias para prover um atendimento extraordinário ao consumidor. Embora meus funcionários sejam bem treinados e tenham boas intenções, eu ainda preciso me reunir com cada um dos meus departamentos ao menos uma vez por semana para lembrá-los de fazer essas coisas. Se eu não lembrar essas coisas aos meus funcionários ao menos uma vez por semana, eles irão começar, sem nem mesmo perceber, a recair no padrão de comportamento no qual agem da forma que agrada a si próprios e cada vez menos agem da forma que agrada aos nossos clientes. Conseqüentemente, nossa pontuação no Índice de Atendimento ao Cliente começará a cair. O que é ainda mais interessante é que, enquanto isso está acontecendo, essas pessoas podem ser submetidas a um teste de detecção de mentiras e elas dirão que estão fazendo todas as coisas necessárias para prover um atendimento excepcional aos clientes. Isso porque elas realmente acreditam que ainda estão fazendo!"

— Essa é uma história incrível — disse Phil. — O que ela me diz é que se eu espero domar o Fator X, devo lembrar regularmente a mim mesmo sobre fazer aquelas coisas que possibilitam que isso aconteça, exatamente como aquele revendedor Buick.

— Exatamente! — exclamou Sam. — Mas no que diz respeito ao processo de domar o Fator X, uma recordação semanal nem de perto é suficiente.

— Com que freqüência devo lembrar a mim mesmo? — indagou Phil. — E como devo lembrar a mim mesmo?

— Nesta companhia, eu peço aos meus gerentes que façam a si próprios uma pergunta ao menos três vezes ao dia.

— Qual é a pergunta?

Sam caminhou até seu quadro e escreveu:

ESTOU ME COMPORTANDO COMO UM GRANDE GERENTE?

Sam se virou para Phil e disse:

— Entenda, os grandes gerentes fazem consistentemente aquelas coisas que são necessárias para domar o Fator X. Eu descobri que os melhores momentos durante o dia para responder a essa pergunta são aqueles em que você chega ao trabalho, logo depois do almoço, e imediatamente antes de ir para casa. Se você conseguir se disciplinar para fazer isto, verá que esse procedimento realmente irá mantê-lo no curso. Nós também empregamos diversos lembretes visuais. Dê uma olhada rápida no meu escritório e veja se consegue perceber alguns deles.

Phil passou alguns segundos olhando o escritório de Sam.

— Bem, você tem um cartaz do Modelo PRAM na parede.

— Você verá cartazes como esse pendurados por toda a companhia — disse Sam. — Nota mais algum lembrete visual?

— Vejo que você tem o Modelo PRAM impresso no crachá, em cima do seu nome.

— Isso mesmo — disse Sam. — Nós também o imprimimos nos nossos cartões comerciais. Continue olhando.

— O protetor de tela no monitor do seu computador é um Modelo PRAM, e você está usando um broche em forma de X na gola.

Sam sorriu e disse:

— Acredite, lembretes para fazer você fazer as coisas certas nunca são demais. Eu também realizo reuniões diárias com meus gerentes, nas quais reforçamos em cada um deles o significado do Fator X. Na verdade, acabo de vir de uma.

— Outras companhias fazem isso? — questionou Phil.

— Aquelas que são muito bem-sucedidas de forma constante fazem — disse Sam. — Por exemplo, os hotéis Ritz-Carlton. Essa é a única cadeia de hotéis que ganhou o Prêmio Nacional de Qualidade Malcolm Bakdrige. Todos os dias, cada locação realiza uma reunião de 10 minutos, à qual se referem como a "instrução diária". Durante cada reunião, eles debatem um dos elementos básicos de atendimento, como "a importância das roupas imaculadas". Depois disso, eles repassam a lista inteira de elementos básicos. Fazem isso repetidamente para lembrar constantemente a cada funcionário o que precisa ser feito para prover continuamente um atendimento impecável ao cliente.

Nesse momento uma lâmpada pareceu acender dentro da cabeça de Phil.

— Espere um pouco, acho que finalmente entendi o que você está tentando me dizer todo este tempo.

— E o que é? — indagou Sam.

Phil prosseguiu:

— Em algumas ocasiões, enquanto você estava explicando algum aspecto do processo de domar o Fator X, eu perguntei alguma coisa como "Fazer isso é difícil?". A todas você respondeu: "Não é. A única parte realmente difícil é lembrar de fazer isso!" É para isso que você utiliza esses recursos de memória — porque a parte mais difícil associada com cada aspecto do processo de domar o Fator X é lembrar de fazer isso.

— Estou feliz por você finalmente ter feito essa conexão — disse Sam. — É uma conexão extremamente importante.

— Sam, eu preciso admitir que estou muito impressionado — disse Phil. — Você realmente solucionou o quebra-cabeça da administração. Todas as peças se encaixam perfeitamente. Nesse ponto, eu me sinto preparado para tentar domar sozinho o Fator X.

— Acho que você irá se sentir mais preparado se me permitir que o apresente a alguns dos vice-presidentes de minha companhia, e deixar que eles lhe contem em primeira mão suas experiências com o processo de domar o Fator X.

— Parece uma grande idéia! — exclamou Phil.

Mais uma vez, Phil pegou seu bloquinho de anotações para registrar o que acabara de aprender.

Manutenção: Um Resumo

Renovação diz respeito a impedir que a empolgação necessária para domar o Fator X se extinga. Manter essa empolgação num estado constante de renovação é fácil. Como gerente, você precisa:

1. Manter seus acordos mediante:
   a. A garantia de que seus funcionários terão o apoio necessário para fazer bem seus trabalhos
   b. A confirmação de que seus funcionários são vencedores, ao celebrar suas conquistas

2. Manter seus relacionamentos mediante:
   a. A manutenção das coisas que você fazia no início para construir os relacionamentos com seus funcionários
   b. A utilização de ocasiões especiais como oportunidades para reunir seus funcionários e fazer com que se divirtam

3. Manter seus planos mediante:
   a. O reconhecimento de que a coisa mais difícil associada com qualquer aspecto do processo de domar o Fator X é lembrar de fazê-lo
   b. A criação de um sistema de lembretes que incitem você a praticar consistentemente as coisas que são necessárias para domar o Fator X

CAPÍTULO

9

Como Domar o Fator X com Clientes

Os dois homens saíram da sala de Sam e caminharam por um corredor até um escritório amplo e sem paredes, no qual foram recebidos por uma mulher morena e bem-vestida.

— Esta é Nancy Kim, nossa vice-presidente de vendas — disse Sam. — Graças à capacidade da Nancy em domar o Fator X com nossos clientes, nós desfrutamos de um crescimento de dois dígitos nas vendas durante os últimos oito anos. Acho que você vai achar a história dela fascinante. Nancy, quero lhe apresentar Phil Ross. Ele está nos visitando hoje.

— Olá — disse Nancy enquanto apertava a mão de Phil.

— É um prazer conhecer você — disse Phil. — Estou muito ansioso por ouvir sua experiência no processo de domar o Fator X com os seus clientes. Mas estou um pouco intrigado.

— Por quê? — indagou Nancy.

— Nunca ouvi falar de alguém que tenha pego um método projetado para ajudar um gerente a administrar seus subalternos e aplicá-lo a clientes — disse Phil.

— Essa é a beleza do processo de domar o Fator X — disse Nancy. — Ele permite a você gerenciar *qualquer um* que esteja entre você e o sucesso — seja essa uma pessoa que trabalhe para você ou outro gerente, cliente ou fornecedor.

— E então, como você aplica aos seus clientes o processo de domar o Fator X? — perguntou Phil.

— Com o Modelo PRAM — disse Nancy com um sorriso. — A primeira coisa que você precisa lembrar é que os clientes são compostos de gente comum exatamente como nós, e que são motivados por seus interesses individuais. Portanto, tudo que Sam disse a você sobre a administração de pessoas que trabalham para você também se aplica à administração de clientes. O mesmo vale para administrar fornecedores e sindicatos.

Phil disse:

— Você quer dizer que depois que aprende como fazer certo, administrar é administrar, não importa quem você esteja administrando.

— É exatamente isso — disse Nancy. — Veja, eu não tinha nenhuma experiência com vendas antes de me tornar vice-presidente de vendas, mas eu sabia como domar o Fator X, e isso é tudo que você precisa para ter sucesso.

— Isto é muito empolgante — disse Phil. — Mal posso esperar para ouvir sua história.

— Vamos começar do começo — disse Nancy. — Diga-me, você sabe qual é o primeiro passo no desenvolvimento de um plano para domar o Fator X?

— Determinar seu interesse individual — respondeu Phil.

— Isso mesmo — disse Nancy. — E o que você supõe que é o nosso interesse pessoal?

— Alcançar resultados extraordinários — respondeu Phil.

— Exato — disse Nancy. — E para alcançar resultados extraordinários em vendas, você precisa criar um certo tipo de cliente. Que tipo de cliente você pensa que é esse?

— Um cliente *satisfeito*! — exclamou Phil.

— Errado! — afirmou Nancy.

— Pensei que criar consumidores satisfeitos era a regra básica do jogo das vendas — disse Phil.

— E é, mas só se você quiser obter resultados comuns — disse Nancy. — Entenda, os clientes que estão meramente satisfeitos ficarão tentados a nos trocar por um de nossos competidores se acharem que poderão ficar mais satisfeitos com eles. Nesta companhia nós tentamos criar clientes *leais*.

— E quais são os benefícios de um cliente leal? — perguntou Phil, intrigado.

— Um cliente leal fica empolgado em fazer negócios com você, está disposto a aguardar na fila, e paga com satisfação preços *premium*. Além disso, um cliente leal não exige publicidade, não precisa ser convencido repetidamente a comprar, e continuamente se vangloria com outros clientes dos méritos de fazer negócios com você.

— Você está me dizendo duas coisas — comentou Phil. — Primeira coisa: quando você tem clientes leais, você realmente não tem nenhuma concorrência. Segunda coisa: quando você tem clientes leais, eles funcionam como uma extensão da sua força de vendas.

— Amém — disse Nancy. — Mais de oitenta por cento dos nossos negócios provêm da reincidência de nossos clientes leais ou de suas indicações de novos clientes.

— Extraordinário, você não acha? — perguntou Sam com um sorriso.

— Concordo, mas como você faz isso acontecer?

— Fazendo o resto do que é exigido pelo processo de domar o Fator X — respondeu Nancy. — Depois que esclarecemos nosso interesse pessoal, o passo seguinte é identificar as pessoas na organização de nosso cliente que estão entre nós e o sucesso. Nós nos referimos a essas pessoas como os *jogadores principais*. Esse grupo incluiria qualquer pessoa que quisesse tomar ou influenciar na decisão do cliente usar ou não nossa companhia como fornecedora. Essas são as pessoas que precisamos conduzir através de todos os passos do Modelo PRAM, porque essas são as principais pessoas que precisam ser empolgadas para dar o máximo de si para nos ajudar a alcançar resultados extraordinários.

— Quem são as pessoas que podem ser incluídas nesse grupo de jogadores principais? — perguntou Phil.

— A lista irá variar de companhia para companhia, dependendo de onde reside o poder e a influência para fazer decisões de compras — retrucou Nancy. — Esta lista pode incluir uma ou mais pessoas do departamento de aquisições e possivelmente alguém do grupo de engenharia que seja responsável por projetar nosso produto no deles. Também pode incluir indivíduos do departamento de vendas, *marketing* e grupos de controle de qualidade associados com os produtos finais de suas companhias nos quais nossos produtos sejam embutidos. A lista também pode incluir um ou mais membros da diretoria e talvez até consumidores deles.

— A lista de jogadores principais costuma incluir um número muito grande de pessoas? — indagou Phil.

— Normalmente, não — respondeu Nancy. — Em alguns casos, pode envolver apenas uma ou duas pessoas. Em outras situações, pode incluir até cinco ou seis. Mais uma vez, tudo isso depende de como o poder e a influência de realizar compras são distribuídos dentro da organização cliente.

— Existe algum processo particular que possibilite você a determinar precisamente quem são esses jogadores principais? — indagou Phil.

— Para dizer a verdade, existe sim — respondeu Nancy.

E Nancy caminhou até seu quadro, e escreveu:

OUÇA

Nancy explicou:

— Entenda, se você conseguir se disciplinar para ouvir durante seus contatos iniciais com um cliente, logo irá perceber quem são os jogadores principais.

— Do jeito que você fala, até que parece fácil — comentou Phil.

— Você está certo — disse Nancy. — Parece uma coisa muito fácil de fazer, mas ouvir pode ser bastante difícil. Por natureza, as pessoas não são programadas para escutar; elas são programadas para falar.

— Estou entendendo que ouvir é uma coisa que você e as pessoas na sua organização de vendas precisam se lembrar constantemente de fazer.

— Precisamos sim — disse Nancy. — No que diz respeito a vendas, quanto mais você fala, menos você aprende. É por causa disso que pedimos a todas as pessoas em nosso setor de vendas que escrevam a palavra **OUÇA** em letras de imprensa no topo de cada página de seus blocos de anotação. Desta forma, cada vez que escrevem alguma coisa ou relêem algo que anotaram antes, são lembrados de que sua prioridade número um é escutar.

Então Nancy mudou de assunto:

— Agora que identificamos os jogadores principais na organização cliente, qual é o passo seguinte no desenvolvimento de um plano para domar o Fator X?

— Determinar o interesse individual de cada um dos jogadores principais — respondeu Phil.

— Exatamente isso — disse Nancy. — E qual é o interesse de cada uma dessas pessoas?

— Respeito, significado e renovação — recitou Phil.

— Certo, e como você supõe que devamos conectar o interesse pessoal deles com o nosso?

— Executando os três passos remanescentes do Modelo PRAM, que são Relacionamentos, Acordos e Manutenção — respondeu Phil.

— E é isso *exatamente* o que fazemos! — exclamou Nancy. — Todos em nossa organização de vendas, incluindo nossos gerentes de vendas, nossos vendedores, e até Sam e eu, passamos muito tempo construindo relacionamentos com os jogadores principais na organização de um consumidor. Entenda, são esses relacionamentos que ligam nossos consumidores a nós e deixam os nossos competidores de fora.

— Você está dizendo que pratica Administração Ambulante nas empresas de seus clientes?

— É isso mesmo — confirmou Nancy. — Você precisa fazer isso, se espera domar o Fator X e assim criar um consumidor leal. O segredo para gerar relacionamentos com esses jogadores principais é ouvir mais. Ouvir essas pessoas é importantíssimo por duas razões. Primeira, ouvir demonstra que levamos cada uma dessas pessoas a sério como indivíduos — o que é a base de todo o respeito. Segunda, ouvir esses jogadores nos permite colher informações cruciais que iremos precisar para executarmos a contento os passos Acordo e Manutenção do Modelo PRAM.

— Que tipo de informação você colhe enquanto está construindo esses relacionamentos? — indagou Phil.

— Qualquer coisa que possa nos ajudar a nos tornarmos mais valiosos para os jogadores principais da organização cliente — respondeu Nancy.

— Como o quê?

— Para criar um consumidor leal que pagará animadamente preços *premium*, o seu valor como fornecedor precisa ser muito maior que os produtos que oferece e os preços que cobra — explicou Nancy. — Você cria esse valor adicional provendo certas coisas, além de seu produto e preço, que permitem aos jogadores principais na organização cliente alcançarem melhor seus objetivos.

— Como conselhos especializados, aspectos especiais dos produtos e níveis especiais de serviço? — sugeriu Phil.

— Exato — disse Nancy. — Porém, antes de poder

fornecer essas coisas adicionais com qualquer grau de eficácia, primeiro você precisa conhecer quais são os objetivos específicos para cada um dos jogadores principais e os problemas e obstáculos específicos que devem ser superados para que se alcancem esses objetivos. Antes de chegarmos a alguma conclusão temos que fazer muitas perguntas e ouvir bastante. Nosso objetivo é nos tornarmos especialistas nos negócios de nosso cliente e conhecermos cada um desses jogadores principais internos e externos, incluindo as listas de interesses *deles*.

— As listas de interesses deles? — repetiu Phil, um tanto intrigado. — Por que você quer saber disso?

— Porque é a peça de informação mais importante no que diz respeito ao nosso valor crescente para esses jogadores principais — disse Nancy.

— Estou começando a me sentir perdido — admitiu Phil.

— Deixe-me ver se consigo clarear isto para você — disse Nancy. — Uma lista de interesses representa as formas segundo as quais um indivíduo escolhe satisfazer sua necessidade por significado no trabalho. Em outras palavras, é o que um indivíduo específico precisa fazer no trabalho para valorizar-se como um vencedor. Tenho certeza de que Sam lhe contou que este é um motivador extremamente poderoso.

— Estou vendo agora por que descobrir a lista de interesses de um jogador principal é tão importante — disse Phil. — Fornecer a essas pessoas oportunidades de favorecerem suas listas de interesses e assim satisfazer sua necessidade por significado no trabalho é o que gera a empolgação necessária para que você domine o Fator X.

— Acho que ele já pegou o espírito da coisa — disse Sam a Nancy.

Phil continuou:

— Depois que vocês entendem quais são as listas de interesses dessas pessoas, tudo que precisam fazer é adaptar o que vocês estão oferecendo a elas de forma que isso se torne uma oportunidade para que cada uma delas possa se validar como vencedora. E quando vocês fazem isso, colocam essas pessoas comendo nas suas mãos.

— Você entendeu mesmo — disse Nancy.

— E é muito difícil descobrir quais são as listas de interesses dessas pessoas? — indagou Phil.

— Nem um pouco — garantiu Nancy. — Como mencionei antes, isso exige ouvir atentamente, porém, mais uma vez, a coisa mais difícil é lembrar de procurar por pistas para a lista de interesses pessoais dessa pessoa nas coisas que ela costuma dizer.

— Mas a lista de interesses não é diferente de uma pessoa para outra? — perguntou Phil.

— Até certo ponto, sim — disse Nancy. — Mas, no trabalho, existe uma coisa que parece universal em seu apelo, especialmente entre jogadores principais, no que diz respeito à lista de interesses de uma pessoa.

— E o que é?

Nancy caminhou até o quadro e escreveu:

IMPRESSIONAR O CHEFE

Nancy prosseguiu:

— Se você conseguir adaptar o que está oferecendo como uma coisa que possibilitará a cada um desses jogadores principais parecer um herói aos olhos de seu chefe, acredite, você vai fechar o negócio.

— Isto nos leva de volta até o passo Acordos do Modelo PRAM, certo? — indagou Phil.

— Sim, nos leva sim — respondeu Nancy. — É aqui que nós conectamos nosso interesse pessoal (deixar os jogadores principais na organização cliente empolgados em se tornarem clientes leais) com o interesse pessoal dos jogadores principais (satisfazer suas necessidades por significado no trabalho impressionando seus respectivos chefes).

— Tenho a impressão de que este passo do Modelo PRAM não deve ser tão difícil assim, considerando toda a informação que reunimos durante o passo Relacionamentos.

— Você está certo — disse Nancy. — Como nos demos ao trabalho de colher esta informação lá na frente, agora estamos numa posição para montarmos aquilo que chamamos de *Solução Completa do Cliente*. Uma Solução Completa do Cliente é composta de características de produto, serviços especiais, níveis especiais de serviço, conselhos especializados, certificação de qualidade, e assim por diante. Além disso, a Solução Completa do Cliente é moldada especificamente para superar os problemas e obstáculos que se colocam entre o cliente e a fruição de seus objetivos, mas fazendo isso de uma forma que o permita impressionar seu chefe.

Phil disse:

— Aposto que a informação que vocês colheram durante o passo Relacionamentos do Modelo PRAM também torna muito mais eficaz a apresentação desta Solução Completa do Cliente aos jogadores principais, não é?

— E como! — disse Nancy. — Como nós já sabemos o que cada um desses jogadores está procurando, tudo que precisamos fazer é apresentar esta Solução Completa do Cliente numa forma que eles possam fazer facilmente a conexão entre seus negócios conosco e sua capacidade de impressionar seus chefes. Depois que tiverem feito essa conexão, o assunto estará terminado. Eles estarão empolgados, e nós teremos fechado o negócio.

— Eu estou realmente impressionado — disse Phil. — Você foram capazes de fazer negócios a um preço *premium* sem precisar exercer nenhuma pressão de venda.

— Exatamente — disse Nancy. — Domar o Fator X com um cliente não tem nenhuma relação com vendas. Em vez disso, tem relação com deixar os jogadores principais numa organização empolgados em fazer negócios com você. E lembre, a única coisa que deixa essas pessoas empolgadas são as oportunidades de favorecer suas listas de interesses. O que é importante aqui é que quanto mais empolgados esses jogadores principais ficarem, menos importante será a questão do preço.

— Deixe-me ver se estou entendendo — disse Phil. — Quando a Solução Completa do Cliente que vocês oferecem aos jogadores principais inclui oportunidades para cada um deles favorecer sua lista de interesses, vocês podem cobrar mais porque, aos olhos deles, vocês merecem.

— Sim, em resumo é isso — disse Nancy. — Você parece estar desenvolvendo uma noção muito firme de como domar o Fator X com clientes.

— Isto significa que estamos preparados para seguir para o passo Manutenção do Modelo PRAM? — indagou Phil.

— Pode apostar que sim — respondeu Nancy. — Nesse ponto, deixamos o jogador principal na organização cliente empolgado por se tornar um cliente *leal*: um cliente que aguarde sua vez, que pague animadamente preços *premium* e que se vanglorie com outros clientes potenciais dos méritos de fazer negócios com você. Se queremos realmente criar um cliente leal, não devemos jamais permitir que a chama dessa empolgação diminua. Tenho certeza de que Sam lhe contou que isso é o que significa renovação.

— Sim, ele contou — disse Phil. — Ele também me disse que impedir que essa empolgação diminua é simplesmente uma questão de manter em funcionamento as três coisas que você já tem.

Phil sorriu enquanto ele próprio caminhou até o quadro de Nancy. Então ele pegou uma caneta marcadora e escreveu:

RENOVAÇÃO SIGNIFICA QUE VOCÊ DEVE MANTER

- SEUS ACORDOS
- SEUS RELACIONAMENTOS
- SEUS PLANOS

— Muito bem! — exclamou Sam. — Posso ver que você já está ansioso pela oportunidade de ensinar a outros como domar o Fator X.

Phil prosseguiu:

— Vamos começar no topo da lista, com Acordos. Você fez, explícita ou implicitamente, um acordo com os jogadores principais da organização cliente, para prover a eles uma oportunidade de favorecer suas listas de interesses e assim satisfazer sua necessidade de significado no trabalho em troca deles ficarem empolgados por se tornarem clientes leais. Um aspecto de extrema importância no processo de manter a empolgação viva é garantir que você irá manter sua parte neste acordo.

— Muito bem — disse Nancy. — Isto é especialmente válido quando você considera que alguns ou todos esses jogadores principais podem colocar seus pescoços em jogo para fechar negócio conosco a um preço *premium*. Precisamos fazer essas pessoas parecerem heróis para seus chefes por terem feito isso.

— E é muito difícil fazer isso? — indagou Phil.

— Nem um pouco — respondeu Nancy. — Sabemos exatamente o que eles esperam de nós em termos de desempenho porque nós os ajudamos a criar essas expectativas. Tudo que precisamos fazer, então, é atuar de uma forma tal que excedamos suas expectativas e que todos ganhem: os jogadores principais favorecendo suas listas de interesses ao impressionar seus chefes e nós avançando em nosso caminho para criar um consumidor leal.

— Deixe-me ver se entendi — pediu Phil. — Vocês mantêm seus acordos com os jogadores principais na organização do seu cliente *merecendo* esses preços *premium* que você está cobrando.

— Amém — disse Nancy. — Isso torna o pagamento dos preços *premium* uma situação vencer-vencer, certo?

— Exatamente — concordou Phil. — Estou começando a ver por que vocês obtiveram um crescimento de dois dígitos em vendas durante oito anos consecutivos. Ao tornar rotineira a prática de exceder expectativas e ao fazer seus jogadores principais parecerem heróis junto aos seus chefes, deram aos seus clientes todos os motivos do mundo para continuarem a fazer negócios com vocês, e também lhes deu muito o que falar quando conversam a seu respeito com outros clientes potenciais.

— Essa é a alma do negócio — disse Nancy com um sorriso. — Agora que você compreende a manutenção de acordos, é hora de conversarmos sobre a manutenção de nossos relacionamentos com esses jogadores principais em nossa organização cliente. O que você supõe que seja isso?

Phil pensou durante um minuto antes de responder.

— Continuar praticando Administração Ambulante com esses jogadores principais na organização cliente para ter certeza de que a confiança que você batalhou tanto para estabelecer não comece a sumir.

— Exatamente isso — disse Nancy. — Nós continuamos a prestar visitas a esses jogadores principais regularmente. Mais uma vez, a ênfase nessas visitas reside em ouvir as mesmas duas coisas importantes que ouvimos enquanto estabelecemos esses relacionamentos.

— Deixe-me adivinhar — interrompeu Phil. — Primeiro, ouvir reforça a noção de que você se importa, de que leva a sério cada um desses jogadores principais — o que é o significado do respeito. Em segundo lugar, ouvir nos permite reunir informações que serão cruciais para executar com sucesso os passos Acordo e Manutenção do Modelo PRAM no futuro.

— Absolutamente certo — disse Nancy. — Entenda, com o tempo, as coisas na organização de um cliente podem mudar consideravelmente. A natureza do negócio do cliente pode mudar, os chefes dos jogadores principais podem mudar e os jogadores principais podem mudar. Isto pode significar que o necessário para que os jogadores principais impressionem seus chefes seja completamente diferente no futuro do que é hoje. Ouvir essas pessoas de forma regular e freqüente nos permite detectar essas mudanças no começo para que possamos fazer os ajustes necessários em nossa Solução Completa do Cliente, e desta forma manter o nível de empolgação entre os jogadores principais.

— O que você está me dizendo é que você não pode ficar complacente se deseja manter a lealdade de seus clientes a longo prazo.

— Exatamente! — exclamou Nancy. — Se houve alguma coisa que a história de nosso empreendimento nos ensinou repetidamente, é que o fim de um relacionamento com um consumidor leal começa quando você pára de ouvir os jogadores principais na organização desse cliente.

— O que ainda me assombra é que tudo que você mencionou até aqui a respeito de domar o Fator X com um cliente é realmente uma coisa muito simples de fazer, e mesmo assim a recompensa por fazer essas coisas simples é realmente fenomenal.

— Exatamente — disse Nancy. — O único aspecto realmente difícil de domar o Fator X com um cliente...

Ela olhou para Phil e parou, esperando que ele terminasse sua frase.

Phil sorriu e disse:

— É lembrar de fazer essas coisas simples.

— Isso mesmo — disse Nancy. — É por causa disso que em nosso departamento de vendas nós damos muita atenção ao aspecto final da renovação, que é manter nossos planos. Entenda, visitar os jogadores principais numa organização cliente, ouvi-los longa e atentamente, e então fazer os ajustes numa Solução Completa do Cliente que pareça estar funcionando muito bem no começo, não são comportamentos automáticos. Trocando em miúdos, você não pode considerar que apenas porque compreende todas as coisas que são necessárias para domar o Fator X com um cliente irá automaticamente realizar o comportamento correto sempre que a situação exigir. Isto é especialmente válido quando as coisas estão correndo bem, porque então ocorre uma tendência natural muito forte de se tornar complacente — o que é o precursor de não ouvir esses jogadores principais na organização cliente. A única forma de você garantir que irá adotar esse comportamento é se lembrar consistentemente de fazer isso.

— Como você garante que isso irá acontecer? — indagou Phil.

— Eu espero que todos em nosso departamento de vendas, incluindo nossos gerentes de vendas e nossos vendedores de campo, assim como eu mesma, façam a si próprios uma pergunta ao menos três vezes ao dia — disse Nancy. — Tem alguma idéia de qual é essa pergunta?

Phil pensou durante alguns segundos e então sorriu.

— Bem, como domar o Fator X com os clientes principais numa organização não é diferente de domar o Fator X com as pessoas que trabalham para você. Só pode ser uma coisa.

Então Phil caminhou até o quadro de Nancy, virou a página de cima e começou a escrever. Quando terminou, estava escrito no quadro:

> EU ESTOU ME COMPORTANDO
> COMO UM GRANDE
> GERENTE?

— É isso! — exclamou Nancy. — Descobrimos em nosso departamento de vendas que os melhores momentos para responder a essa pergunta são quando você chega ao trabalho, logo depois do almoço e imediatamente antes de dar o dia por encerrado. Se você puder se disciplinar para fazer isto, verá que realmente o mantém no curso. Nós também utilizamos os mesmos lembretes visuais que Sam compartilhou com você, como colocar o modelo PRAM nos nossos crachás e cartões de visita, usar o Modelo PRAM como protetor de tela em nossos computadores e usar broches em forma de X em nossas lapelas. Eu concordo plenamente com Sam no sentido de que lembretes para fazer você se lembrar de fazer as coisas certas nunca são demais.

— Vocês também realizam Reuniões X no departamento de vendas? — indagou Phil.

— Realizamos, sim — respondeu Nancy. — A situação ideal é eu me encontrar diariamente com nossos gerentes de vendas e fazer com que eles se reúnam com os vendedores de campo que trabalham para eles. Entretanto, como todo mundo em nosso departamento de vendas está espalhado pelo país, isso é impossível. Mas eu me encontro cara a cara com cada um de nossos gerentes de vendas o máximo que posso, e eles fazem a mesma coisa com os vendedores que trabalham para eles. Mais uma vez, a ênfase durante esses encontros é garantir que todos façamos consistentemente o que for necessário para domar o Fator X com os jogadores principais nas nossas organizações clientes, o que por sua vez conduz à criação de mais e mais clientes leais para a nossa companhia.

— Sam disse que eu ia achar a sua história fascinante, e ele tinha razão — disse Phil. — Muito obrigado pelo tempo que você compartilhou comigo.

— Foi um prazer — disse Nancy, enquanto apertava a mão de Phil.

— Continue o bom trabalho, Nancy — disse Sam enquanto apertava a mão dela. — E obrigado pelo seu tempo.

CAPÍTULO

10

Como Domar o Fator X com um Sindicato Trabalhista

Enquanto os dois homens saíam do escritório de Nancy, Phil perguntou:

— E agora, para onde vamos?

— Estou absolutamente convencido de que você agora está pronto para sair e domar sozinho o Fator X, mas há mais uma pessoa com quem eu gostaria que você conversasse antes — disse Sam.

Em seguida Sam conduziu Phil até mais outro escritório aberto. Ali foram saudados por um cavalheiro que se apresentou como Fritz Gallow.

— Fritz é nosso vice-presidente de relações trabalhistas. Fritz e eu trabalhamos juntos para domar o Fator X com nosso sindicato. Graças ao trabalho árduo de Fritz na liderança deste empreendimento, nós possuímos um acordo trabalhista de quinze anos com o sindicato e há oito anos seguidos desfrutamos de ganhos de produtividade de dois dígitos. Fritz, eu quero que você conheça Phil Ross, que está nos visitando hoje. Nancy e eu estávamos conversando com ele sobre o Fator X.

— É um prazer conhecê-lo — disse Fritz enquanto apertava a mão de Phil.

— Igualmente — disse Phil. — Estou extremamente ansioso por ouvir sua história porque na minha companhia não estamos fazendo um bom trabalho na administração de nosso sindicato.

— Como você já ouviu a versão completa de como domar o Fator X, eu só terei de podar as arestas da sua perspectiva — disse Fritz.

— Isso me parece ótimo — disse Phil.

Fritz prosseguiu:

— A primeira coisa que você precisa lembrar quando tentar domar o Fator X com um sindicato trabalhista é que os sindicatos são compostos por pessoas comuns como nós três, pessoas que são motivadas por interesses pessoais. Portanto, tudo que Sam e Nancy contaram a você sobre o processo de domar o Fator X também se aplica aos sindicatos. Eu não tinha nenhuma experiência em lidar com sindicatos antes de me tornar vice-presidente das relações trabalhistas, mas eu sabia como domar o Fator X — e isso era tudo que eu precisava para ser bem-sucedido em meu trabalho.

— É surpreendente como o Fator X possui tanta aplicabilidade universal — disse Phil.

— Vamos começar do começo — disse Fritz. — Quando Sam assumiu como presidente da companhia, há dez anos, o lugar estava decadente e corria risco sério de fechar suas portas de vez. Os ganhos de produtividade eram inexistentes, o sindicato estava ameaçando com greve e apresentando vários níveis de queixas, e o moral aqui dentro estava em baixa. Nós começamos com o passo Planos do Modelo PRAM, e o primeiro passo no planejamento foi determinar nosso interesse individual — que são os resultados extraordinários que queríamos alcançar. Sam e eu rapidamente concluímos que queríamos eliminar a situação atual mediante a criação de um corpo de funcionários leal, que se comprometesse a alcançar ganhos de produtividade significativos.

— Ouvindo você dizer, parece até um roteiro da série *Missão Impossível*.

— Era a impressão que tínhamos na época — respondeu Fritz. — Mas, como sempre, o Modelo PRAM estava à altura do desafio. Nosso passo seguinte no planejamento foi determinar quais eram as pessoas na organização do sindicado que estavam entre nós e o sucesso ou o fracasso. Como Nancy, nós nos referimos a essas pessoas como *jogadores principais*. Esse grupo incluía todas as pessoas que tomariam, ou influenciariam, as decisões do sindicato em trabalhar conosco ou contra nós. Essas eram as pessoas de que precisávamos para passar pelos quatro passos do Modelo PRAM, porque eram as pessoas que precisávamos empolgar para que nos ajudassem a alcançar os resultados extraordinários que ambicionávamos.

— Você descobriu, logo de cara, quem eram esses jogadores principais?

— Na verdade, não — respondeu Fritz. — Sabíamos que alguns dos representantes eleitos seriam jogadores principais, mas não tínhamos certeza de quais. Também sabíamos que haviam jogadores principais entre os membros do sindicato que não eram representantes eleitos.

— Como vocês resolveram o problema?

— Ouvindo muito — respondeu Fritz. — Sabíamos que ouvir seria muito compensador para nós de três formas muito importantes. Primeiro, sabíamos que se ouvíssemos o que os membros do sindicato tinham a dizer, descobriríamos rapidamente quem eram os jogadores principais. Segundo, sabíamos que ouvir o que essas pessoas muito infelizes tinham a dizer e então fazer alguma coisa ajudaria imensamente a restaurar a confiança. Em terceiro, sabíamos que ouvir iria nos ajudar a colher informações importantes que poderíamos usar para completar o passo Planos do Modelo PRAM e também executar eficazmente os passos Acordos e Manutenção.

— Deixe-me ver se entendi — pediu Phil. — O que você está dizendo é que quando ficou sem a informação que era necessária para completar o passo Planos do Modelo PRAM, você pulou direto para o passo Relacionamentos para colher essa informação.

— Muito perceptivo — elogiou Fritz. — Foi exatamente o que fizemos.

— Como vocês começaram o processo?

— Realizando muitas reuniões abertas com os membros do sindicato. Nessas reuniões, pedimos às pessoas que apresentassem suas opiniões sobre como as coisas deveriam ser realizadas nesta companhia, e fomos muito enfáticos no sentido de que não queríamos que elas medissem suas palavras. Como logo vimos, eles tinham muitas opiniões e muita fúria para extravasar. Mas nós ouvimos, tomamos notas, e então agimos.

— O que aconteceu?

— Durante aquele primeiro ano nós "tomamos a sopa pela beirada", como diz a expressão. Por exemplo, os membros do sindicato acreditavam unanimemente que as salas de recreação da companhia estavam abaixo dos padrões. Demos uma olhada e concordamos. Pedimos ao sindicato que montasse um comitê para fazer recomendações sobre o que deveria ser feito para que as salas de recreação melhorassem. Em seguida pegamos essas recomendações e renovamos as salas de recreação exatamente da forma como eles as queriam. Adotamos a mesma abordagem quando os membros do sindicato disseram que as áreas de trabalho eram sujas e malcuidadas, e renovamos essas áreas para satisfazê-los. Eles nos disseram que não ter um estacionamento asfaltado causava-lhes muitos problemas, porque os carros ficavam presos na lama quando chovia. Assim, nós asfaltamos o estacionamento, e assim por diante. E enquanto tudo isto acontecia, nós continuávamos a nos reunir.

Fritz acrescentou:

— Não levou muito tempo para que ficasse evidente quem eram os jogadores principais do sindicato, porque eles assumiam a condução de todos os debates nesses encontros. Logo depois os jogadores principais sugeriram que começássemos a nos encontrar apenas com eles ao invés de realizar encontros abertos com todos os sindicalizados. Isso foi muito bom de nossa perspectiva porque agora nós estávamos nos encontrando exclusivamente com as pessoas que ficavam entre nós e o sucesso ou o fracasso.

— Por que os jogadores principais quiseram fazer isso? — indagou Phil.

— Para aprimorar seu *status* como líderes dentro da organização do sindicato — replicou Fritz. — Quando nós nos encontrávamos apenas com os jogadores principais, sempre que eles nos traziam uma petição dos sindicalistas e nós a atendíamos, podiam requerer crédito por terem nos convencido a realizar a mudança.

— Então demonstrar aos outros sindicalistas que realizam bem seus papéis como representantes e líderes é um interesse pessoal desses jogadores principais? — indagou Phil.

— Precisamente — respondeu Fritz. — Na verdade, é o interesse pessoal mais importante desses jogadores principais porque eles realmente querem manter seus papéis como líderes dentro da organização do sindicato.

— A confiança que você e Sam estavam esperando alcançar entre a administração e os jogadores principais se materializou? — perguntou Phil.

— Sim — respondeu Fritz. — Mas levou muito tempo. Sempre que uma sugestão nos era trazida pelos sindicalistas e nós agíamos de forma a fazer os jogadores principais parecerem heróis perante seus colegas, nós empurrávamos o nível de confiança para um pouco mais perto do ponto que queríamos alcançar. Nós soubemos que precisaríamos percorrer um longo caminho até alcançar sua confiança quando, certo dia, durante uma reunião, um jogador principal permitiu que um de seus interesses individuais aflorasse à superfície.

— Qual interesse? — indagou Phil.

— Sam e eu tínhamos passado muitas reuniões tentando explicar a esses jogadores principais que precisávamos de ganhos de produtividade significativos da parte dos membros do sindicato se quiséssemos permanecer no negócio a longo prazo. Neste ponto, um dos jogadores principais disse: "Vocês sabem o que realmente faria uma diferença aqui? Se nós, o sindicato, recebêssemos uma fatia do bolo. Em outras palavras, se trabalharmos bastante duro para alcançar esses níveis de produtividade que você está querendo para tornar a companhia mais rentável, alguns dos lucros adicionais que ajudarmos a gerar devem voltar para nós na forma de um bônus." Este jogador principal calou-se por um momento e então continuou: "Na verdade, se você, a gerência, apresentar uma cláusula de bônus que nós consideremos aceitável, eu garanto que iremos alcançar os ganhos de produtividade que você está querendo, porque sabemos onde eles estão."

— Incrível — admirou-se Phil. — Essa pessoa simplesmente lhe disse o que seria necessário para fazer todos os jogadores principais parecerem super-heróis aos olhos dos sindicalistas: uma cláusula de bônus que colocaria dinheiro de verdade nos bolsos de todos em troca dos níveis de produtividade que você estava procurando.

— Exato — disse Fritz. — Sam e eu ficamos extasiados porque vimos que dominaríamos com facilidade os aspectos remanescentes do processo de domar o Fator X.

— Tudo funcionou da forma que vocês esperavam? — indagou Phil.

— Com toda certeza — disse Fritz. — Passamos imediatamente para o passo Acordos do Modelo PRAM, no qual conectamos nossos dois conjuntos de interesses pessoais — a cláusula de bônus que os jogadores principais do sindicato estavam procurando e os ganhos de produtividade que estávamos procurando. Em seguida, jogadores principais apresentaram esta idéia aos demais membros, onde foi muito bem recebida, desta forma fazendo-os parecerem heróis. Logo depois alcançamos nosso objetivo: a criação de um corpo de funcionários leal comprometido em obter ganhos de produtividade significativos mediante a realização de um excelente trabalho com o passo Manutenção do Modelo PRAM.

— Deixe-me adivinhar — interrompeu Phil. — Você manteve a sua parte do acordo, significando que quando os ganhos de produtividade acordados foram atingidos, os sindicalistas receberam os cheques com o bônus que estavam esperando.

— É claro — disse Fritz. — Também celebramos essas conquistas de uma forma que fez todos os membros do sindicato sentirem-se heróis, e continuamos a fazer isso até hoje. Sam e eu também mantemos nossos relacionamentos com os jogadores principais continuando a promover reuniões regulares e a praticar Administração Ambulante com eles. Durante ambas as atividades, a nossa ênfase reside em ouvir. Tenho certeza de que tanto Sam quanto Nancy já lhe disseram que ouvir é vital por duas razões. Em primeiro lugar, ouvir envia a essas pessoas uma mensagem muito clara de que você respeita cada uma delas como um indivíduo. Em segundo lugar, ouvir possibilita a você colher informações que serão cruciais para o processo de domar o Fator X no futuro.

Fritz continuou:

— Sam e eu mantemos nossos planos empregando todos os tipos de lembretes, desde Reuniões X até perguntar a nós mesmos, três vezes ao dia: "Estou me comportando como um grande gerente?" Com isso, garantimos que não negligenciaremos o aspecto mais difícil do processo de domar o Fator X: lembrar de fazê-lo.

— Estou muito agradecido por você ter dividido a sua experiência comigo — disse Phil. — Eu aprendi muito.

— Foi um prazer — disse Fritz, enquanto apertava a mão de Phil.

— Muito obrigado por seu tempo, Fritz — disse Sam, e apertou a mão de Fritz.

— A gente se vê amanhã de manhã, na Reunião X — disse Fritz.

CAPÍTULO

11

O Final de uma Grande Manhã

Phil sentia-se muito empolgado enquanto Sam o conduzia de volta até seu escritório.

— Que manhã maravilhosa! Eu não apenas descobri a solução do quebra-cabeça da administração, que é domar o Fator X, como também aprendi que é possível usar essa solução para administrar tudo, desde as pessoas que trabalham para você até os clientes e os sindicatos.

— Também usamos o Fator X para administrar nossos fornecedores — disse Sam. — Domar o Fator X com nossos fornecedores transformou nosso departamento administrativo de suprimentos de escritório. Costumávamos guerrear com nossos fornecedores por preços mais baixos e hoje somos um departamento que gera uma quantidade significativa de vendas para nossa companhia. Eu adoraria apresentar você a Katherine Nielsen, nossa vice-presidente de administração de suprimentos, para que você pudesse ouvir sua história, mas ela está fora, visitando alguns de nossos fornecedores na Ásia. Assim, teremos de falar com ela em alguma outra oportunidade.

— Eu estou realmente impressionado com o quanto é fácil domar o Fator X, e como todas as peças se encaixam tão perfeitamente — disse Phil. — Mas você sabe qual foi a lição mais valiosa que aprendi hoje?

— Qual?

— Que a parte mais difícil do processo de domar o Fator X não é o esforço requerido. É *lembrar de fazer* as coisas simples que possibilitam domá-lo.

Então Phil estendeu a mão para cumprimentar Sam.

— Eu não posso agradecer o bastante por tudo que você fez por mim hoje.

— Foi um prazer — disse Sam. — Você está a caminho de se tornar um grande gerente. Mantenha contato conosco, sim?

CAPÍTULO

12

Ele se Tornou um Grande Gerente: Um Resumo

Com o tempo, Phil Ross se tornou um grande gerente porque jamais esqueceu todas as lições valiosas que Sam havia lhe ensinado:

1. O Fator X diz respeito a deixar pessoas comuns empolgadas por se esforçar ao máximo para ajudar você, o gerente, a alcançar resultados *extraordinários*.
2. Os elementos básicos do Fator X são *pessoas* e *motivação*.

3. Pessoas são motivadas universalmente por *interesse pessoal.*
4. O Modelo PRAM é a descrição para o processo de domar o Fator X.

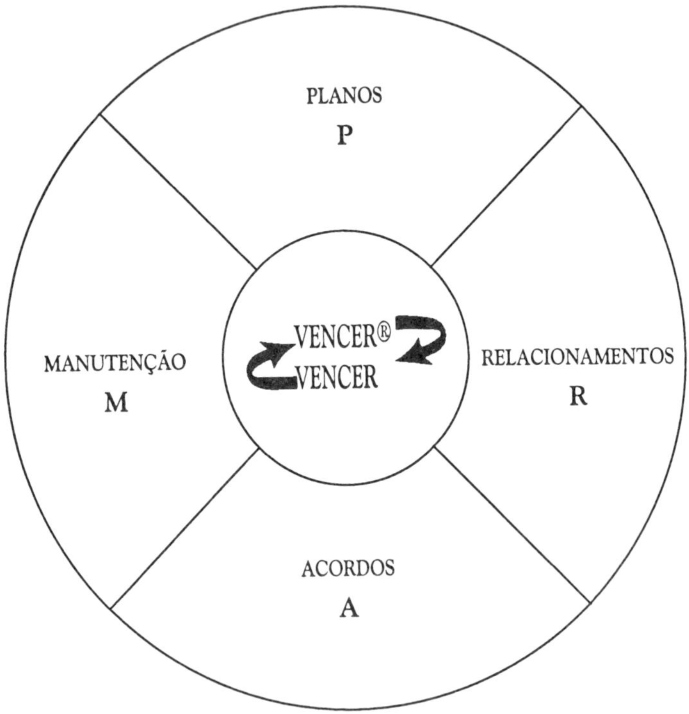

O Modelo PRAM

R_x para domar o Fator X

5. O Modelo PRAM é circular para nos lembrar que domar o Fator X é um processo contínuo e ininterrupto.

6. "VENCER-VENCER" é o coração do Modelo PRAM porque todos os aspectos do processo de domar o Fator X devem ser vencer-vencer.
7. Domar o Fator X envolve executar apropriadamente os quatro passos do Modelo PRAM.

Passo Um: Planos

Desenvolver um plano para domar o Fator X é simples. Como gerente, você precisa:

1. Determinar seu interesse individual, que é alcançar resultados extraordinários.
2. Identificar as pessoas que se colocam entre você e o sucesso.
3. Determinar o seu interesse individual.
   a. Respeito.
   b. Significado.
   c. Renovação.

4. Execute os três passos remanescentes do Modelo PRAM para conectar os dois conjuntos de interesses individuais.

Passo Dois: Relacionamentos

Antes que as pessoas fiquem empolgadas por ajudar seu gerente a alcançar resultados extraordinários, elas devem primeiro sentir que seu gerente as respeita como indivíduos. Você faz isso ao:

1. Circular com freqüência entre seus funcionários.
2. Perguntar seus pensamentos e opiniões.
3. Ouvir o que eles têm a dizer.
4. Empreender qualquer ação construtiva que seja necessária.

Passo Três: Acordos

Significado é o que cria a empolgação necessária para domar o Fator X. Criar oportunidades para as pessoas satisfazerem sua necessidade por significado no trabalho é fácil. Como gerente, você precisa chegar a um acordo com seus funcionários a respeito de:

1. Em que coisas queremos ser os *melhores*?
2. Como definimos *melhores*?
3. Como podemos nos tornar os *melhores* nas coisas que escolhemos?

Passo Quatro: Manutenção

Renovação diz respeito a manter a empolgação necessária para impedir que o Fator X esfrie. Manter essa empolgação num estado constante de renovação é fácil. Como gerente você precisa:

1. Manter os seus acordos:
   a. Provendo seus funcionários com o apoio necessário para fazer bem seus trabalhos.
   b. Validando os seus funcionários como vencedores mediante a celebração de suas realizações.

2. Manter seus relacionamentos:
   a. Continuando a fazer aquelas coisas que você fazia para construir os relacionamentos com seus funcionários.
   b. Usando ocasiões especiais como oportunidades para juntar seus funcionários e permitir que se divirtam.

3. Manter seus planos:
   a. Reconhecendo que a coisa mais difícil associada com qualquer aspecto do processo de domar o Fator X é lembrar de fazê-lo.
   b. Criando um sistema de lembretes que o levem a fazer as coisas que são necessárias para domar o Fator X.

Sim, Phil Ross alcançou seu objetivo. Ele encontrou a solução do quebra-cabeça da administração.

Apêndices

APÊNDICE

A

Colocando o Fator X em Funcionamento

Neste ponto você provavelmente está dizendo a si mesmo:

— Certo, essa foi uma história muito bonita, apresentada de forma lógica, e o Fator X parece fazer sentido — mas será que ele pode ser aplicado no mundo real?

Para responder a essa pergunta, incluí diversos exemplos de companhias e indivíduos do mundo real que conseguiram domar o Fator X. Esses exemplos validam a eficácia, bem como a versatilidade do Fator X e ilustram como qualquer pessoa pode usá-lo para obter seu próprio conjunto de resultados extraordinários. Enquanto estiver lendo esses exemplos, tenha em mente que a essência de domar o Fator X é favorecer o interesse pessoal das pessoas que estão entre você e o sucesso ou o fracasso. Isso envolve identificar o interesse dessas pessoas e então conectá-lo ao seu, que é alcançar resultados extraordinários.

O segredo por trás da companhia aérea mais bem administrada dos Estados Unidos

Como mencionei na Introdução, a Southwest Airlines é um dos empreendimentos norte-americanos mais respeitados e admirados. A questão é: como a companhia faz isso? A resposta é simples. A Southwest Airlines, mais do que qualquer outra grande companhia, conseguiu domar o Fator X com seus funcionários. A administração da Southwest compreende inteiramente os três componentes do interesse pessoal relacionado com o trabalho — respeito, significado e renovação — e faz alguma coisa sobre isso.

Por exemplo, respeito pelo indivíduo é um estilo de vida na Southwest. A administração prega que são os funcionários, e não os clientes, que vêm primeiro. Os funcionários são vistos como membros da família. Segundo o CEO (*Chief Executive Officer*) Herb Kelleher:

"Uma atmosfera familiar significa que você está sinceramente interessado em todo mundo que faz parte da sua família."

A firme política de não demissões da companhia

também transmite uma mensagem forte de que a Southwest se importa com seus funcionários.

Os funcionários da Southwest trabalham arduamente e nenhum deles reclama, porque seu trabalho tem significado. Seu trabalho é visto como uma missão, e essa missão é liberdade — abrir os céus para que pessoas médias tenham condições de voar. Esses funcionários sentem-se empolgados por trabalhar para a Southwest porque sabem que aquilo que eles fazem influencia positivamente a vida de outras pessoas.

A administração da Southwest Airlines também vê com muita seriedade a renovação. Os gerentes compreendem que os funcionários não podem sustentar níveis elevados de esforço e empolgação sem ter suas baterias recarregadas. A Southwest faz amplo uso de celebrações para manter sua força de trabalho energizada. Os gerentes e funcionários celebram tudo — conquistas coletivas e individuais, nascimentos, aniversários e promoções —, e eles têm paixão por fazer isso bem. A Southwest também possui uma poderosa cultura empresarial que serve como lembrança constante para todos os seus funcionários fazerem aquelas coisas necessárias que produzem resultados extraordinários.

Fazendo os clientes teimosos ouvirem

Vários anos atrás, eu prestei um trabalho de consultoria para o departamento de vendas de uma grande companhia farmacêutica. Essas pessoas estavam muito preocupadas com o fato de que um de seus novos produtos não estava vendendo muito bem. O produto era um adesivo de liberação gradual para o tratamento de dor que era usado por pacientes submetidos a quimioterapia. Este produto era uma alternativa para a morfina, e os estudos clínicos da companhia demonstravam que era um produto superior por ser bem menos viciante e causar um número menor de efeitos colaterais. O problema era que os médicos não estavam receitando o medicamento, e essas pessoas queriam que eu as ajudasse a descobrir o motivo.

Numa tentativa para descobrir a resposta, coloquei este problema através do processo de planejamento que é necessário para domar o Fator X. A primeira pergunta que formulei foi:

— Quem são as pessoas que estão entre vocês e o sucesso ou o fracasso?

A resposta foi:

— Os oncologistas — os médicos especializados no tratamento do câncer.

Então eu perguntei:

— O que vocês querem dos oncologistas?

— Que eles prescrevam nosso produto — foi a resposta.

— O que os oncologistas querem de vocês? — indaguei. — Qual é o interesse pessoal deles?

— Um sistema de tratamento da dor que seja menos viciante e cause menos efeitos colaterais que a morfina.

Meu comentário seguinte foi:

— Como vocês tentaram vender esse produto aos oncologistas?

— Coletamos os resultados de nossos testes clínicos e mostramos como nosso produto é um sistema superior de tratamento da dor, comparado com a morfina.

— Esses oncologistas parecem interessados no que você tem a dizer sobre o seu produto?

A resposta foi:

— Nem um pouco! É como se eles nem estivessem ouvindo o que estamos dizendo!

Nesse momento, falei:

— O fato de que esses oncologistas não estão ouvindo o que vocês têm a dizer sobre o seu produto indica fortemente que a forma com que vocês o estão apresentando não está combinando com o interesse dos oncologistas.

Em seguida sugeri que talvez eles tivessem compreendido mal o interesse pessoal desses oncologistas e que, talvez, não estivessem interessados no tratamento da dor da forma como eles pensavam. Para obter uma idéia melhor de qual era realmente o interesse individual dos oncologistas, eu perguntei:

— O tratamento da dor é a preocupação básica de um oncologista?

Essas pessoas pensaram por um momento e então responderam:

— Na verdade, não. A principal preocupação de um oncologista é *curar o paciente*.

— É aí que está o problema — sugeri. — Vocês têm um grupo de médicos (oncologistas) que são extremamente ocupados e que estão principalmente preocupados com uma coisa (curar seus pacientes), e vocês querem que eles disponham de seu tempo precioso para ouvir o que vocês têm a dizer sobre tratamento da dor? Não estou surpreso por eles não estarem ouvindo.

Em seguida, acrescentei:

— Se quiserem que esses médicos ouçam o que vocês têm a dizer sobre o seu produto, terão de apresentá-lo de uma forma que ele se relacione com o interesse pessoal *deles*. Assim, ao invés de apresentar este produto como um sistema de controle da dor superior à morfina, sugiro que o apresentem como parte da cura ou como um aperfeiçoamento para a cura.

Eu frisei que com essa abordagem eles poderiam escolher o oncologista mais ocupado e importante, sem tempo algum para atender promotores de vendas, e conquistá-lo com uma apresentação como: "Doutor, eu sei que o senhor está ocupado, mas tenho uma coisa aqui que significará um prolongamento de vida para os seus pacientes."

Nesse ponto o promotor de vendas conseguirá capturar a atenção absoluta do oncologista porque estará se referindo a uma coisa que é muito importante para o médico. Muito provavelmente, o oncologista dedicará o tempo necessário para ouvir tudo que o promotor de vendas tiver a dizer sobre o produto. Isto oferece ao promotor a oportunidade de dizer que como este produto é menos viciante que a morfina e exerce um número menor de efeitos colaterais, os pacientes podem manter o tratamento por mais tempo e mais deles serão capazes de prosseguir o tratamento até sua conclusão; isto significa que um paciente poderá voltar mais rapidamente para uma vida feliz e produtiva. Depois que o oncologista tiver entendido esses benefícios, o promotor poderá frisar que tudo que o oncologista precisa fazer para gozar desses benefícios é receitar o produto. Quando os vendedores empregaram essa abordagem, as vendas do produto dispararam.

A lição aprendida aqui é que depois que você tiver deduzido corretamente qual é o verdadeiro interesse individual das pessoas que estão entre você e o sucesso ou o fracasso, será mais fácil fazê-las dizer sim.

Segurando os clientes ricos

O vice-presidente de um banco para o qual eu estava prestando alguma consultoria procurou-me certo dia. Estava arrasado. Sua preocupação era que alguns dos bancos competidores tinham decidido atuar agressivamente para atrair alguns clientes com contas nas agências de seu banco localizadas em diversos bairros de aposentados ricos. A forma segundo a qual esses bancos competidores estavam tentando atrair esses clientes era oferecendo-lhes rendimentos mais altos, se eles trocassem de banco. O vice-presidente prosseguiu dizendo que achava que a única maneira que ele dispunha para segurar esses clientes importantíssimos era igualando ou superando os rendimentos oferecidos por seus concorrentes. Contudo, ele estava relutante em fazer isso, porque seria caro e provavelmente acionaria uma guerra de preços que acabaria por resultar numa nulidade de lucros para todos os bancos.

Sugeri que se ele não queria perder esses clientes valiosos, teria de dar-lhes uma razão para ficar. Prossegui explicando que igualar a oferta da competição era uma forma de fazer isso, mas provavelmente não atingiria o verdadeiro motivo para essas pessoas estarem saindo. Frisei que um interesse individual muito importante de idosos ricos é serem tratados de forma especial. Sugeri que, considerando suas idades, provavelmente todas essas pessoas tinham mais do que o suficiente para o restante de suas vidas, de modo que alguns dólares a mais não iriam motivá-los a um comportamento de longo prazo.

Para falar ao interesse pessoal desses correntistas ricos, sugeri que ele lhes conferisse um pouco de atenção especial e basicamente ignorasse as ofertas de rendimentos maiores da parte da competição. Nós montamos um programa para organizar eventos de gala quinzenais para essas pessoas — chás da tarde elegantes, por exemplo. Essas festas seriam anunciadas aos clientes através de convites elegantes. O chá e os petiscos seriam servidos com louças e talheres refinados. Além disso, o presidente do banco e vários executivos compareceriam aos eventos para misturar-se aos convidados.

Esses eventos foram um sucesso estrondoso. Ao invés de perder qualquer um desses ricos clientes idosos o banco começou a atrair novos clientes como resultado de indicações das pessoas que compareceram a algumas das festas. Esta foi uma ação realmente vencer-vencer: os clientes conseguiram o que queriam — tratamento especial que apelava ao seu interesse pessoal — e o vice-presidente conseguiu o que queria, no sentido de que foi capaz de segurar esses clientes sem precisar equivaler as ofertas dos competidores. Além disso, o custo das festas foi insignificante quando comparado com o custo que teria sido equivaler as ofertas de rendimentos maiores dos competidores.

Conectando interesse pessoal com ações quando não é possível com palavras

Uma promotora de vendas da Upjohn se comunicou através de suas ações quando lhe negaram a oportunidade de se comunicar com palavras. Ela estava fazendo uma visita conjunta com sua chefe, a gerente regional. O médico que elas iam visitar trabalhava numa clínica médica que ficava no décimo segundo andar de um prédio de escritórios bem alto no centro de Los Angeles. É importante lembrar aqui que a maioria dos médicos não gosta de receber promotores de vendas por diversos motivos: existem muito deles; eles são jovens e agressivos; eles pensam que sabem tudo, de modo que insultam a inteligência do médico; e freqüentemente prometem coisas que não cumprem.

Quando chegaram a esta clínica, o médico que queriam ver deixou muito claro através de sua recepcionista que não tinha a menor intenção de recebê-las. Enquanto estavam ali paradas, tentando pensar no que fazer, o médico que elas queriam ver saiu da área de exames e disse:

— Eu tenho uma paciente numa das minhas salas de espera que gostaria de um vídeo do Rogaine. Vocês têm uma fita consigo, para que eu possa dar a ela agora?

Como elas não tinham uma fita, o médico voltou para a sala de exames sem nem mesmo ouvir o que tinham a dizer. A promotora de vendas tinha um vídeo sobre Rogaine no porta-malas de seu carro. Mas o veículo estava doze andares abaixo, do outro lado da rua, a uma distância de duas quadras, e quatro andares abaixo do solo, no setor subterrâneo de um edifício-garagem.

Não obstante, esta promotora imediatamente saiu para pegar a fita. Quando voltou, a chefe dela estava na frente da entrada do prédio. A mulher que queria a fita já tinha saído, mas a promotora sabia como ela estava vestida e qual a direção que tomara. Elas alcançaram a mulher e lhe deram a fita, um gesto pelo qual a mulher ficou muito grata. As duas voltaram para a clínica, onde a promotora de vendas escreveu um memorando detalhado a respeito do que tinha feito. Então ela anexou seu cartão de visitas ao memorando e o deixou com a recepcionista.

Dois dias depois, o telefone da promotora tocou. Adivinhem quem era? O médico que dois dias antes se recusara a recebê-la. E adivinhem o que ele queria que ela fizesse? Ele queria que ela marcasse uma hora para visitá-lo. Por quê? Com seu gesto, convencera o médico de que era o tipo de promotora de vendas que se preocupava sinceramente com os interesses pessoais dele. Esse é o tipo de promotor de vendas com o qual todo médico quer trabalhar.

A lição aqui é que esta promotora de vendas passou de acesso zero a acesso total, tendo por base apenas um único gesto que associou o interesse pessoal dela (visitar o médico) com o interesse pessoal dele (conhecer um promotor de vendas em quem podia confiar).

Aprendendo como cobrar preços *premium*

Alguns anos atrás, logo depois que obtive meu Ph.D., decidi que queria entrar no ramo de consultoria e treinamento. Eu havia tido alguns pequenos empregos, mas nada muito importante. Finalmente minha chance chegou quando considerei um trabalho realmente grande. O emprego envolvia 40 dias de treinamento por ano durante um número indefinido de anos. Fiquei empolgado e comecei a bolar uma estratégia autopromocional para garantir que eu pegaria esse emprego. Eu *presumi* que, havendo muitos consultores/treinadores no mercado, eu me encontrava numa situação muito competitiva e, portanto, a única coisa que importava ao cliente era o preço. Assim, decidi que baixaria o preço já modesto que estava pedindo em 25 por cento para garantir que teria uma chance de pegar o emprego. Minha primeira tarefa era me reunir com a junta empresarial que tinha autoridade para me contratar.

Cheguei ao QG da empresa numa manhã de segunda às 8:15 para ser entrevistado e, assim esperava, negociar o preço e os termos de minha contratação. Fui recebido no saguão por um dos membros da diretoria, que me informou que a reunião começaria meia hora mais tarde do que o previsto. O motivo era que a junta empresarial deveria ter se reunido na sexta-feira anterior para planejar conjuntamente a minha entrevista. Contudo, o presidente os havia convocado para outra reunião, que passara das 17:30. Assim, a reunião de planejamento a meu respeito não tinha acontecido. Este membro da equipe pediu desculpas pela inconveniência e me conduziu até seu escritório, onde me instruiu a me sentir em casa até que a reunião começasse.

Esse membro da equipe empresarial tinha uma secretária muito simpática. Depois que havíamos conversado um pouco, senti-me à vontade para lhe fazer algumas perguntas sobre o seminário de treinamento. Quando eu lhe perguntei se a companhia já tivera um seminário de treinamento como aquele, a secretária disse que houvera um no ano anterior, mas que o resultado fora desastroso. Ela acrescentou que os participantes do seminário haviam se levantado e se retirado antes da metade do primeiro dia do seminário. Ela também me informou que a equipe empresarial estava ansiosa por selecionar um instrutor de qualidade desta vez, porque o próprio presidente da firma iria participar do seminário para certificar-se de que ele seria conduzido adequadamente. Além disso, ela revelou que como um dos membros da diretoria comparecera a um dos meus seminários do ano anterior, eu era a única pessoa que eles estavam considerando para o trabalho!

Como você pode ver, minha consideração inicial não poderia estar mais errada. A preocupação principal desta equipe (interesse pessoal) não era o preço baixo; era saber se eu aumentaria a sua popularidade perante o presidente da empresa, livrando-os de uma grande dificuldade. Se eu conseguisse convencê-los de que faria precisamente isso, o trabalho seria meu e o preço nem seria discutido (contanto, obviamente, que estivesse dentro dos limites do razoável). Eu imediatamente aumentei o preço que estava pedindo em 50 por cento e rapidamente desenvolvi uma estratégia para convencer a equipe empresarial de que faria com que eles parecessem bem diante do presidente. Consegui o trabalho e o preço que pedi nem chegou a ser questionado. O presidente adorou o seminário, a equipe empresarial saiu da enrascada, e eu trabalhei para essa companhia durante 14 anos seguidos, obtendo diversas indicações ao longo do caminho.

Depois que você tiver descoberto quais são os interesses individuais das pessoas que estão entre você e o sucesso ou o fracasso, alcançar o resultado desejado será facílimo.

Como nasceu a lenda da IBM

Durante os anos 70 e 80, a IBM dominou a indústria da informática. O motivo para isso foi que a IBM sabia exatamente o que ela queria de seus clientes. A IBM queria que seus clientes comprassem computadores, continuassem comprando-os, e indicassem novos clientes para a IBM. A IBM também sabia o que os clientes queriam da IBM. Os clientes da IBM não queriam o melhor computador do mundo. Na verdade, a maioria desses clientes não conseguiria responder como é o melhor computador do mundo. O que esses clientes queriam era computadores que atendessem suas necessidades de forma satisfatória. Entretanto, ainda mais importante, a IBM sabia que o interesse individual de seus clientes era que eles não queriam parecer mal por terem tomado a decisão de comprar equipamento da IBM. Muito pelo contrário. Eles queriam parecer heróis. Quando tomavam a decisão de comprar equipamentos da IBM, o que estavam realmente comprando era a segurança de saber que se alguma coisa quebrasse ou saísse errada, a IBM corrigiria a situação num curtíssimo espaço de tempo. Na verdade, a IBM construiu sua reputação de atendimento ao consumidor fazendo coisas como remeter peças em jatinhos para garantir que os equipamentos quebrados estivessem funcionando novamente no dia seguinte. Este nível de serviço deu origem ao ditado:

"Ninguém jamais foi demitido por comprar um IBM."

Sabendo disso, a IBM passou a associar o interesse pessoal de seus clientes (nível elevado de segurança) com seu interesse pessoal (domínio do mercado), fornecendo a seus clientes não apenas um computador que era adequado às suas necessidades, como também um nível de atendimento *fenomenal*. Em troca, os clientes da IBM proveram a IBM com um nível elevado de novas aquisições e indicações a outros clientes, e sempre se mostraram dispostos a oferecer testemunhos positivos e elogios a respeito dos benefícios de fazer negócios com a IBM. E ainda mais, esses clientes pagaram preços *premium* pelo privilégio de fazer negócios com a IBM e possibilitar à empresa o domínio do mercado.

Um extraordinário restaurante de bairro

Um restaurante mexicano do meu bairro, chamado Mi Amigo's, é um mestre em associar seus interesses individuais com os interesses individuais de seus clientes.

A gerência sabe que as crianças costumam exercer uma grande influência nas decisões de onde a família irá comer — especialmente durante a semana. A gerência também compreende que o que realmente influencia a decisão de uma criança (seu interesse pessoal) não é tanto a comida — embora a comida precise ser aceitável para eles — mas o tratamento especial que lhes seja dispensado. Assim, quando a refeição termina, a gerência toma providências para que as crianças lembrem de sua experiência de jantar no Mi Amigo's de uma forma muito positiva. Primeiro, quando a garçonete traz a conta, também traz um delicioso chocolate para todos à mesa. Este é o ponto alto da noite da criança, e ela fica com um enorme sorriso. Mas ainda há mais por vir. Na saída há uma atendente segurando uma grande cesta cheia de pirulitos, e cada criança recebe a permissão de pegar sozinha aquele que deseja.

Por mais baratos e banais que esses pequenos gestos possam parecer, são incrivelmente eficazes para associar o interesse individual das crianças (tratamento especial) com o interesse individual do restaurante (novas visitas e indicações a clientes potenciais). Sempre que mamãe e papai estão cansados demais para fazer o jantar e a família precisa decidir onde jantará, a primeira coisa que sai da boca da criança é: "Quero ir ao Mi Amigo's!" Eu posso assegurar que essas medidas administrativas funcionam em outras famílias além da nossa. Sempre que chegar ao Mi Amigo's depois das 18:00, você terá de cnfrentar uma fila. Mas uma fila na qual as crianças não se importam de entrar.

O alto custo de um grande ego

Durante um seminário recente, eu me vi diante de uma situação que envolvia um gerente de contas que estava tentando convencer um certo doutor a falar numa conferência que ele estava patrocinando. O problema era que esse doutor cobrava $5,000 por palestra e o gerente de contas tinha um orçamento de apenas $2,500. Completando a situação, estava o fato de que o ego desse doutor (uma forma de interesse pessoal) estava associado aos seus honorários. A pergunta que o gerente me fez foi:

— O que devo fazer para convencer esse doutor a falar por $2,500?

Eu devo admitir que não fazia a menor idéia. Felizmente, um dos outros gerentes de contas na sala tinha a resposta.

— Há dois anos eu fiz esse mesmo doutor realizar uma palestra gratuitamente, e seus honorários já eram de $5,000 nessa época.

É claro que cada pessoa na sala quis saber como ele tinha conseguido isso. O gerente de contas então explicou que a primeira coisa que fez foi acariciar o ego do doutor, dizendo:

— Obviamente, o senhor vale os seus honorários, senão não os estaria cobrando. Assim, eu não o culpo se o senhor recusar meu convite.

Em seguida ele apelou ao ego desse doutor informando-lhe que um cirurgião muito famoso, com quem esse doutor havia estudado e admirava como mentor, iria comparecer à conferência. E também informou ao doutor que havia tomado a liberdade de dizer ao cirurgião que o doutor seria um dos oradores da conferência, e acrescentou que o cirurgião estava ansioso por ouvi-lo falar. O gerente de contas disse ao doutor:

— Este cirurgião vai ficar muito desapontado quando eu lhe disser que o senhor não vai participar do seminário.

Quando ouviu isso, o doutor se ofereceu para falar na conferência de graça. Por quê? Porque o gerente de conta havia lhe oferecido uma coisa à qual o ego do doutor estava associado de forma ainda mais forte do que seus honorários de $5,000 — uma chance de se exibir para seu mentor!

A lição aqui é que muitas pessoas trocarão dinheiro por gratificação do ego e verão isso como uma situação vencer-vencer.

Deduzindo o interesse pessoal dos outros

Como se identifica o interesse pessoal de outra pessoa? O segredo é *ouvir.* Se você ouvir por tempo suficiente, outro ser humano irá lhe dizer exatamente qual é o seu interesse pessoal. Ouvir atentamente envolve a seguinte seqüência de comportamentos:

- Fazer perguntas.
- Ouvir a resposta do cliente.
- Resumir em sua mente o que o cliente disse.
- Devolver esse resumo para a outra pessoa.
- Fazer perguntas de prosseguimento, e repetir o processo.

Há vários anos eu estive envolvido num projeto de consultoria com uma companhia farmacêutica que estava lançando um novo produto. Os clientes-alvos para esse novo produto eram administradores de radiologia de hospitais. Antes que esse produto fosse lançado, a companhia conduziu 21 entrevistas com administradores de radiologia em três cidades importantes dos Estados Unidos. Cada entrevista durou 45 minutos e foi conduzida por um entrevistador profissional numa sala onde uma das paredes consistia de um espelho de fundo falso. Eu, juntamente com uma equipe de pesquisa de mercado, sentei-me do outro lado do espelho. Nós podíamos ver o entrevistador e o administrador de radiologia, mas eles não podiam nos ver.

A forma com que o entrevistador conduziu cada entrevista era formulando questões ao administrador de radiologia, ouvindo atentamente as perguntas e, ocasionalmente, retribuindo um resumo do que tinha sido dito. Em seguida ele formulava perguntas de prosseguimento, e repetia tudo de novo.

Por exemplo, o entrevistador perguntava:

— Como você faz a escolha de um determinado produto farmacêutico entre seus concorrentes?

O entrevistador em seguida ouvia o que o administrador de radiologia tinha a dizer, e quando achava que era apropriado, ele fazia um resumo do que tinha sido dito. Por exemplo:

— Você disse que o valor farmacoeconômico é um critério mais importante para decidir que produto comprar do que o preço.

Então o entrevistador formularia algumas perguntas, em prosseguimento. Por exemplo:

— Isso é verdade? Existe algum outro critério importante para escolher que produto comprar?

Então ele repetiria o processo.

Qual foi a recompensa por ter ouvido tanto? Em todas as 21 entrevistas, cada administrador de radiologia disse ao entrevistador profissional (um estranho total) *exatamente* o que o faria adquirir um produto (seu interesse pessoal).

O exemplo precedente ilustra com clareza que se você conseguir se disciplinar para ouvir e deixar que a outra pessoa fale a maior parte do tempo, não demorará muito para descobrir qual é o interesse pessoal da pessoa.

Minha experiência me mostrou repetidamente que as pessoas estão ansiosas por lhe dizer o que é realmente importante para elas. O problema é que ninguém está ouvindo.

O valor de um sistema de lembretes

Vou encerrar esses exemplos com um lembrete final de que nenhum dos comportamentos associados com o processo de domar o Fator X reflete comportamentos administrativos. Trocando em miúdos, você não pode considerar que apenas porque compreende todas as coisas que são necessárias para domar o Fator X você irá automaticamente empregar o comportamento correto sempre que a situação exigir. A única forma de você ter certeza de que irá executar consistentemente esses comportamentos é desenvolvendo um sistema que o faça lembrar de fazer isso, seja realizando reuniões diárias como a cadeia de hotéis Ritz-Carlton, pendurar pôsteres do Modelo PRAM na parede do seu escritório, ou perguntar a si mesmo três vezes ao dia:

— Estou me comportando como um grande gerente?

Sem um sistema como esse, você simplesmente não conseguirá domar o Fator X.

Shannon Roney, vice-presidente de uma companhia chamada EMDS, descobriu que as Reuniões X são uma forma muito útil para manter seu nível de vendas. Segundo Shannon:

— Durante anos, as vendas na EMDS foram constantes, mas fracas. Os últimos dois anos demonstraram um declínio dramático nas vendas devido a pressões competitivas ferozes. Vínhamos perdendo nossos clientes e não estávamos conquistando novos.

Tentamos diversas abordagens para aumentar nossas vendas, mas nenhuma funcionou. Foi então que aprendi a respeito das Reuniões X. Imediatamente comecei a realizar pequenas reuniões de vendas *três vezes ao dia* para discutir nossa estratégia e nossa administração de relacionamentos. Depois de dois anos realizando essas reuniões, nossas vendas subiram 203 por cento. Hoje, continuamos a empreender as reuniões, e nossa curva de vendas continua apontando para cima. É realmente impressionante como essas Reuniões X funcionam bem.

APÊNDICE

B

Usando o Modelo PRAM como uma Ferramenta de Diagnóstico

Uma das vantagens importantes do Modelo PRAM é que ele é incrivelmente útil como ferramenta de diagnóstico e solução de problemas. Eu ainda não encontrei um problema de interação humana no qual não pudesse descobrir sua causa através de um dos quatro passos do Modelo PRAM. Um problema pode ser um problema de planejamento, um problema de relacionamento, um problema de acordo, ou um problema de manutenção; e uma vez que consiga localizar sua causa verdadeira, você estará em posição de prescrever um curso de ação apropriado para resolver o problema. A seguir veremos vários exemplos breves de como usar o Modelo PRAM como ferramenta de diagnóstico.

Um adolescente com problema de comportamento na escola

Tenho uma amiga que é agente de *telemarketing* e que marca palestras e cursos para mim. Certo dia ela me ligou para combinarmos uma data para um seminário em Tucson. Depois que terminamos de tratar de negócios, decidi que era hora de um pouco de manutenção de relacionamento com ela. Assim, perguntei como estavam indo as coisas. Ela me contou que as coisas iam bem até a tarde em que o diretor da escola telefonou para dizer que eles estavam enviando seu filho adolescente para casa devido a um problema de comportamento. Ela disse que o problema vinha tomando forma há algum tempo, e que ela estava muito frustrada porque seu filho era capaz de se tornar um dos melhores alunos de sua classe, mas ele se recusava a se dedicar.

Embora a situação provavelmente não fosse da minha conta, eu lhe perguntei como ela planejava lidar com a situação. Ela me disse que pretendia sentar-se à mesa da cozinha naquela noite com seu marido e filho, e que iam encontrar de uma vez por todas uma solução para o problema. Então ela me perguntou o que eu achava. Como tinha comparecido a um dos meus seminários, ela estava familiarizada com o Modelo PRAM. Assim, eu me referi a ele ao estruturar minha resposta. Coloquei que embora o método com o qual planejava resolver o problema parecesse muito lógico para ela, na verdade ela estava tentando forçar uma formação de acordo (passo três) a um problema de relacionamento (passo dois). Eu disse que embora eu não quisesse ser o portador de más notícias, tinha a impressão que seu filho não se sentia à vontade com os pais.

Inicialmente a mulher se comportou de forma defensiva diante da noção de que seu filho não se sentia à vontade com ela e argumentou que os três membros de sua família viviam juntos há quatorze anos. Como podiam não se sentir à vontade uns com os outros? Perguntei-lhe se ela já tinha visitado o filho no quarto dele. Ela respondeu que fazia isso ao menos uma meia dúzia de vezes por semana. Eu lhe perguntei se a maioria das visitas era agradável e relaxada ou se envolvia confrontos. Ela lhe perguntava coisas como:

— Como você consegue deixar seu quarto tão bagunçado?

Ou:

— Você prometeu que ia aparar o gramado ontem. Por que não fez?

Ou ainda:

— Quando você vai tomar jeito na escola?

Ela rapidamente admitiu que quase todas as suas visitas ao quarto do filho envolviam confrontos. Eu argumentei que, como isso acontecia, era muito provável que seu filho nem mesmo gostasse quando ela entrava em seu quarto porque ele sabia que ia ser uma experiência desagradável. Ela me perguntou o que deveria fazer. Minha resposta foi que até que o nível de confiança fosse elevado e seu filho se sentisse bem e à vontade com seus pais, não haveria progressos com seu comportamento na escola. Assim, recomendei que ela e seu marido trabalhassem primeiro o problema da confiança. Sugeri que eles passassem quinze minutos sozinhos com seu filho todas as noites durante as duas semanas seguintes, conversando sobre qualquer coisa que ele quisesse falar, sem repreendê-lo por nada. Eu lhes pedi que não trouxessem à baila o problema na escola antes do final dessas duas semanas, e que evitassem qualquer outro tipo de confronto com ele durante esse período. Além disso, também lhes pedi que mudassem sua rotina uma ou duas vezes para fazerem seu filho se sentir especial.

Dez dias depois, recebi um telefonema dessa mulher para confirmar a data de minha palestra em Tucson. Depois que terminamos de tratar de negócios, perguntei-lhe como estava sua situação familiar. Ela me contou que ela e o marido tinham feito exatamente o que eu recomendara. Contudo, ela admitiu que precisara de algumas noites para se acostumar a ir ao quarto do filho sem repreendê-lo. Eles também tinham mudado sua rotina para fazer o rapaz se sentir especial. Tinham feito isso levando-o a uma exposição de novidades eletrônicas na qual ele estava muito interessado. Ela disse também que como resultado de tudo isso o problema na escola tinha se solucionado sozinho. O assunto não foi nem mesmo mencionado. Ela também me disse que no dia anterior seu filho chegara em casa da escola e lhe dissera:

— Adivinha o que aconteceu hoje na escola, mãe?

Ela disse que ele não contava nada sobre o que acontecia na escola desde os tempos do ensino fundamental.

Como este exemplo ilustra, resultados surpreendentes podem ser alcançados na resolução de problemas quando você aplica uma solução apropriada ao problema verdadeiro. O segredo para obter esses resultados é diagnosticar corretamente a causa do problema *antes* de tentar aplicar uma solução. E esse é o Modelo PRAM que guarda o segredo de um diagnóstico preciso.

Visitas cegas

Visitas cegas são visitas ou telefonemas iniciais a clientes potenciais. É muito raro um vendedor que goste de fazer uma visita cega. Na verdade, muitos deles odeiam isso. O motivo é que as visitas cegas possuem um índice muito alto de rejeição associado com elas. Como Tom Peters escreveu em *Thriving on Chaos*: "Qualquer pessoa que tenha sido um vendedor ao menos por um dia concorda que não existe forma pior de viver do que depender de uma visita cega."

As visitas cegas possuem um índice muito alto de rejeição devido à filosofia da abordagem tradicional para a venda:

"O nome do jogo é *vender.*"

A aderência a essa filosofia conduziu à crença de que se deve julgar o sucesso de uma visita de vendas tendo por base se o vendedor conseguiu vender o produto. Por este motivo, os vendedores que operam sob a abordagem tradicional sentem-se obrigados a forçar a venda sempre que fazem uma visita de vendas, incluindo uma visita cega.

O Modelo PRAM nos proporciona uma visão quanto ao motivo dessa abordagem resultar num índice tão elevado de fracassos. O problema com as visitas cegas é que nenhum relacionamento, e portanto nenhuma confiança, existe entre o vendedor e o cliente. Ao forçar uma venda na ausência dessa confiança, o vendedor está dizendo ao cliente que ele está mais interessado no dinheiro do que no bem-estar do cliente. Como ninguém gosta de fazer negócio com um aproveitador, o cliente geralmente diz não, o que o vendedor interpreta como rejeição ou fracasso.

É importante não esquecer nunca que se você quiser se tornar um vendedor muito bem-sucedido deverá objetivar o *negócio* e não apenas a *venda.* O seu objetivo é transformar um novo cliente potencial num cliente *leal* e portanto uma fonte de novas vendas e indicações. Fazer isso requer primeiro construir um relacionamento entre você e o cliente *antes* de tentar vender qualquer coisa a ele. Portanto, numa primeira visita, o seu objetivo não deve ser vender qualquer coisa ao cliente, mas iniciar um relacionamento. Visitas subseqüentes devem ser usadas como oportunidades para cultivar o relacionamento e demonstrar que você está genuinamente interessado no cliente e em seu bem-estar. Como Joe Gandolfo escreveu em seu livro *How Make Big Money Selling*:

"Todo vendedor bem-sucedido que eu já conheci sempre me pareceu um indivíduo amável e responsável que conhece a paz interior. Essa é uma imagem muito difícil de falsificar. Você precisa projetar sinceridade e colocar em primeiro lugar os interesses do cliente. Estude vendedores de sucesso. Os clientes deles *sempre* vêm em primeiro lugar. Com esta abordagem, o dinheiro aparece automaticamente. Mas quando o dinheiro vem em primeiro lugar, o sucesso costuma tardar a aparecer."

Vários de meus clientes reescreveram as descrições de trabalho de seus vendedores. Como parte dessas novas descrições de trabalho, as visitas cegas, com seu altíssimo índice de rejeição, foram substituídas por *visitas de relacionamento*. Os vendedores dessas organizações devem dedicar uma certa fração de seu tempo a iniciar e cultivar relacionamentos com novos clientes potenciais, sem a pressão de precisar fazer uma venda imediata. A estrutura de recompensas nessas organizações também foi expandida — não mais se baseia totalmente na quantidade de vendas para um determinado período, mas agora inclui incentivos para atividades de criação de relacionamentos e para vendas obtidas como resultado de negócios repetidos e indicações de novos clientes. Essas descrições revisadas de trabalho e sistemas de recompensa expandidos confirmam o que Tom Peters recomendou em *Thriving on Chaos:*

"As comissões de vendas e/ou salários devem ser conduzidos rumo a incentivos para negócios repetidos e indicações de novos clientes. Negócios repetidos e indicações de novos clientes costumam provir de uma série de toques pequenos mas, no fim, consumidores de tempo. Nossos incentivos devem dizer inequivocamente: Gaste tempo!"

Consumidores irados

A maioria dos vendedores concordaria que lidar com um consumidor irado é, no mínimo, uma experiência desagradável. Consumidores descontentes podem ser muito agitados, verborrágicos e emotivos. Por esse motivo, muitos vendedores fazem de tudo para evitar lidar com um consumidor irado, preferindo desistir do cliente. Já os vendedores altamente bem-sucedidos sabem que depois que você compreende a motivação por trás do comportamento irado do consumidor, lidar com ele não é nem um pouco desagradável. Na verdade, os vendedores altamente bem-sucedidos consideram lidar com um consumidor irado uma oportunidade de ouro para passar o resto da vida vendendo para essa pessoa e transformá-la em uma evangelista ativa em benefício do vendedor.

Mais uma vez, o Modelo PRAM nos oferece uma luz. Quando um consumidor fica transtornado, isso geralmente ocorre porque suas expectativas sobre o que iria acontecer depois que ele alcançasse um acordo com você não foram atendidas. Portanto, um comportamento irado da parte de um consumidor é uma questão de *manutenção.* O segredo para lidar com clientes irados é não levar a situação para o campo pessoal. Você provavelmente reagiria de forma semelhante se estivesse no lugar do consumidor.

Mais importante: procure não esquecer que essas expectativas não satisfeitas também representam um golpe no ego do consumidor. Ele comprou um produto ou serviço com a expectativa de que você cumpriria o que prometeu, e agora parece que você o deixou na mão. O que você precisa fazer para corrigir a situação é restaurar o ego do consumidor, mostrando-lhe que você ainda se importa com ele. Você pode fazer isso empregando ações ágeis e decisivas para corrigir a situação para a satisfação total do consumidor.

Uma atitude especialmente eficaz é impressionar o cliente irado com a qualidade da sua reação. É verdade que isso pode lhe custar algum dinheiro extra, mas irá lhe comprar toneladas de lealdade e dará a esses clientes um motivo para fazer um boca-a-boca positivo a seu respeito. Como Tom Peters escreveu em *Thriving on Chaos*:

"Muitas vezes, cuidar bem de clientes desapontados é aquilo que destaca você das massas."

Um motivo para não haver mais milionários

Vários anos atrás, quando eu estava conduzindo um seminário em Omaha, um dos participantes se levantou e perguntou:

— Se o Modelo PRAM é tão simples e funciona tão bem, por que não há mais milionários?

A pergunta me pegou de surpresa. Assim, imediatamente pedi um intervalo para poder pensar na resposta. Enquanto meditava sobre a pergunta, começou a me ocorrer que o motivo para não haver mais milionários, ou indivíduos altamente bem-sucedidos em qualquer empreendimento, é que a maioria das pessoas não reconhece a importância que os relacionamentos exercem no sucesso de qualquer profissão. Essas pessoas não dedicam nenhum esforço a desenvolver esses relacionamentos necessários porque elas não vêem a necessidade. Contudo, sem esses relacionamentos elas são incapazes de arregimentar o apoio ativo de outras pessoas em seu benefício e são destinadas a atravessar a vida tentando fazer tudo sozinhas.

Não faz muito tempo, eu proferi um discurso a um grupo de pessoas em Atlanta, e enquanto eu falava exatamente sobre essa questão, notei uma mulher na platéia que estava reagindo com entusiasmo.

Quando meu discurso terminou, ela se aproximou de mim, apertou minha mão e disse:

— Por favor, me perdoe por estar tão empolgada, mas meu pai é um milionário que se fez sozinho, e não passa um dia sem que ele receba ao menos um telefonema de alguém perguntando se há alguma coisa que possa fazer por ele. Achei que o senhor gostaria de saber que a sua fórmula funciona!

Na minha viagem de volta de Atlanta para Phoenix eu precisei mudar de avião em Dallas. Quando me sentei, reconheci a pessoa que estava ao meu lado.

Seu nome era Bill King, proprietário de uma cadeia de lojas de conserto de freios conhecida como Bill King's Brake-O. Eu o tinha visto muitas vezes em seus comerciais televisivos.

Como nos conhecíamos um ao outro, Bill King começou a compartilhar comigo sua filosofia sobre sucesso. Em determinado momento, ele se recostou na poltrona e disse:

— Ross, deixe-me contar a partir de minha experiência pessoal que a estrada para se tornar um milionário é tão simples que dá um nó na mente das pessoas.

E eu disse aos meus botões: "Sr. King, continue falando, que estou tomando notas!"

Ele prosseguiu:

— Se você desenvolver um senso de confiança com seus funcionários (relacionamentos), seus funcionários cuidarão bem de você. Além disso, se você desenvolver um senso de confiança com os seus clientes (relacionamentos) e cuidar bem deles (manutenção), seus clientes cuidarão bem de você.

Ele fez uma pausa e então disse:

— Se você quer ganhar um milhão de dólares por ano, você precisa de um milhão de amigos, cada um dando um dólar por ano a você. Ou você precisa de meio milhão de amigos, cada um lhe dando dois dólares por ano, e assim por diante. Se você trabalhar esse processo por tempo suficiente, acabará desenvolvendo um número suficiente de amigos com cada um gerando a quantidade de rendas em seu benefício.

Então ele concluiu:

— E depois que isso acontecer, virar milionário vai ser moleza.

Eu lembro de ter dito:

— Não é de admirar que as pessoas ricas não pareçam trabalhar tanto!

Bill King riu do meu comentário porque ele tinha acabado de passar vários dias participando de um torneio de golfe das celebridades. Contudo, ele disse que desenvolver todos esses relacionamentos necessários não acontece da noite para o dia. Isso leva tempo e trabalho. Por outro lado, o resultado é virtualmente garantido. Cuide das pessoas que ficam entre você e o sucesso ou o fracasso, e elas cuidarão de você.

APÊNDICE

C

Três Fatores que Asseguram seu Sucesso ao Domar o Fator X

Para que o Modelo PRAM gere os resultados extraordinários que foram prometidos neste livro, ele precisa ser aplicado dentro do contexto de três fatores muito importantes. Esses são *equilíbrio*, *integridade* e *paciência*. Aplicar o Modelo PRAM dentro do contexto desses três fatores praticamente assegura seu sucesso ao domar o Fator X. Se você ignorar esses conceitos, espere alcançar no máximo resultados comuns.

Equilíbrio

Ao olhar o Modelo PRAM, uma das coisas que você irá notar é que cada um dos quatro passos é equivalente em tamanho. Isto significa que cada um dos quatro passos é de importância equivalente. Isto não significa que cada um dos quatro passos tomará a mesma quantidade de tempo, mas significa que você não pode se dar ao luxo de ignorar ou saltar qualquer um desses passos se espera alcançar um nível elevado de sucesso. Olhe o Modelo PRAM como se ele tivesse o contorno de losango igual ao do campo de beisebol. Se você quiser marcar pontos, duas coisas são essenciais. Primeiro, você precisa tocar todas as quatro bases, e segundo, *deve tocá-las na ordem correta* (Planos, Relacionamentos, Acordos e Manutenção). Um dos problemas administrativos mais comuns na atualidade é ignorar o Passo Dois (Relacionamentos) e tentar passar do Passo Um (Planos) diretamente para o Passo Três (Acordos). Fazer isso virtualmente garante resultados *comuns*.

Há alguns anos fiz uma palestra para uma equipe de olheiros do time de beisebol da pequena liga do Chicago Cubs. Quando concluí meu discurso, pedi a essas pessoas que compartilhassem alguns dos problemas que encontravam ao tentar recrutar alunos do ensino médio para o time. Esses olheiros me disseram que o maior problema que enfrentavam era a competição crescente com as faculdades e universidades que tentavam recrutar os mesmos jogadores. Eles deixaram muito claro que não queriam atrair garotos que iriam se beneficiar por freqüentar uma faculdade ou universidade. Eles visavam apenas aqueles que não estavam preparados para a faculdade e que iriam se beneficiar passando direto do ensino médio para um time de beisebol das divisões inferiores.

Eles admitiram que tinham relativamente poucos problemas ao assinar uma opção de escalação de primeiro, segundo ou terceiro turno porque, na época, eles podiam pagar a essas pessoas qualquer cifra entre $60,000 e $150,000 por ano. O problema era com as escolhas de escalação para os turnos inferiores. Por exemplo, uma escolha para o décimo segundo turno recebia apenas $700 por ano e $12 por dia de auxílio alimentar. Por outro lado, uma bolsa universitária poderia valer até $25,000 por ano, dependendo da instituição, e as faculdades e universidades pagavam $15 por dia em auxílio alimentar.

Os olheiros argumentavam que mais dinheiro solucionaria o problema. Finalmente, eu sugeri que eles podiam estar tentando forçar uma solução de Passo Três (Acordos) a um problema de Passo Dois (Relacionamentos). Eu disse que tinha a impressão de que não era com mais dinheiro que as faculdades e universidades estavam ganhando a guerra contra eles. Na verdade, elas estavam fazendo um trabalho melhor na criação de relacionamentos com os jogadores. Argumentei que esses treinadores de faculdade provavelmente assumiam papéis de irmãos mais velhos ou pais, e os jogadores nesses times de faculdade provavelmente pareciam uma ótima turma de camaradas com quem andar. Se esse era o caso, disponibilizar mais dinheiro para os salários da liga menor não iria resolver o problema deles.

Quando terminei minha declaração, três olheiros veteranos se levantaram e confirmaram entusiasticamente minha avaliação. Disseram que em anos anteriores eles tinham criado relacionamentos com todos os rapazes por quem se sentiam até remotamente interessados, porque nessa época o mercado era aberto e um graduado do ensino médio poderia assinar com qualquer time. Sob tais circunstâncias, era muito importante desenvolver relacionamentos — um graduado do ensino médio geralmente assinava com o time cuja equipe de olheiros tinha-lhe despertado mais simpatia. Entretanto, recentemente os graduados do ensino médio tinham se tornado sujeitos a um recrutamento, e ele podia assinar apenas com o time de sua própria faculdade ou universidade. A maioria dos olheiros não via mais motivo para desenvolver relacionamentos com todos os jogadores pelos quais poderiam se interessar; afinal, havia apenas uma chance em trinta de que eles pudessem recrutar qualquer um deles. Para a maioria dos olheiros, a criação de relacionamentos não era mais uma prioridade.

Entretanto, um desses caçadores veteranos disse que tinha continuado suas atividades de criação de relacionamentos, a despeito do recrutamento. Como resultado, raramente perdia um jogador que ele recrutava para uma faculdade ou universidade. Então explicou seu método de desenvolver relacionamentos com jogadores de beisebol do ensino médio. Durante os meses de clima ameno, ele coordena escolinhas de beisebol aos sábados por todo o território. Para ajudá-lo, ele arregimenta alguns ex-jogadores da liga principal de beisebol, e então convida aproximadamente 30 a 40 garotos para participar de cada escolinha. Nessas escolinhas, o olheiro oferece aulas sobre como aprimorar tacadas e defesas. Depois, esses jogadores têm a oportunidade de experimentar essas novas idéias num jogo entre eles mesmos.

Além de avaliar o potencial de cada garoto, o objetivo deste olheiro, ao realizar essas escolinhas de beisebol, é garantir que ele ou um de seus assistentes irá interagir individualmente com cada garoto de uma forma muito positiva. Por exemplo, ele falou sobre um garoto que, quando estava na ofensiva, rebatia a bola no alto tornando fácil apanhá-la. Nesse momento o olheiro parou o jogo e disse ao garoto que o motivo pelo qual ele estava enviando a bola para cima era que ele abaixava o ombro quando golpeava a bola. Ele pediu ao garoto que voltasse e fizesse mais algumas batidas, concentrado em manter os ombros firmes. Depois de algumas tentativas, o garoto já acertava a bola corretamente, e estava muito impressionado com o fato de que esse homem estava dedicando seu tempo a corrigir o problema dele. Então o olheiro caminhou até a margem do campo, onde um arremessador estava se aquecendo. Ele perguntou ao arremessador se queria aprender como lançar uma bola rápida. O garoto fez que sim com a cabeça, e o olheiro começou a mostrar-lhe como arremessar uma bola rápido. Este garoto também ficou muito impressionado com o fato de que um olheiro de uma liga principal estava dedicando seu tempo a dar-lhe um pouco de atenção especial. Devido a todas essas atenções positivas, no final da escolinha o consenso entusiasmado entre os garotos era:

— Vamos torcer para que os Cubs nos recrutem, porque queremos jogar beisebol para os Cubs!

Este olheiro não considerava que seu trabalho terminava quando um recruta dizia sim aos Cubs. Ele prosseguia até o ponto em que ainda havia mais coisas que um olheiro podia fazer para facilitar o trabalho do recruta. (Ele estava se referindo ao passo Manutenção do Modelo PRAM.) Ele mantinha contato com todos os jogadores em seu território que tinham sido recrutados e assinado contrato, e periodicamente dava continuidade para garantir que as coisas estavam indo bem e que os Cubs estavam honrando todas as promessas que ele tinha feito aos novatos. Ao executar com eficácia essa atividade de manutenção, ele era capaz de transformar esses recrutas numa força de vendas em benefício próprio. Pelas escolas de ensino médio do território desse olheiro, espalhou-se a notícia de que os Cubs eram um bom time onde se jogar e que ele era uma boa pessoa com quem lidar. Isto facilitou ainda mais os seus esforços de recrutamento posteriores. Isto renovou a ênfase em relacionamentos compensada rapidamente em termos de resultados *extraordinários*; dois anos depois, dois recrutas do Cubs ficaram em primeiro e segundo lugar na eleição de Novato do Ano da Liga Nacional.

Integridade

Para que o Modelo PRAM gere os resultados que prometi, ele deve ser aplicado com integridade genuína. Tente usar o Modelo PRAM para manipular pessoas e você acabará sendo exposto como uma fraude, o que significa que ninguém vai ficar empolgado por ajudá-lo a alcançar resultados extraordinários.

Durante meu último ano como professor de administração na Arizona State University, o departamento de projetos do corpo docente iniciou um programa para auxiliar membros que não atuavam bem nas salas de aula a se tornarem melhores professores. O projeto envolveu, primeiro, identificar os 75 melhores professores no *campus* da ASU. Em seguida, um representante do departamento de projetos do corpo docente aplicou um questionário a cada uma das classes desses 75 professores. As instruções pediam aos alunos que avaliassem seus professores numa série de itens que incluíam nível de preparação, entusiasmo pelo assunto, e assim por diante.

Depois que os questionários foram administrados, eles foram coletados e os dados colocados num programa de computador projetado para avaliar em quais dos itens cada professor era altamente bem-sucedido. Depois que isso foi descoberto, um representante do departamento de projetos do corpo docente entrevistou cada professor que tinha participado do estudo, numa tentativa de descobrir o que ele fazia que o tornava tão bem-sucedido. A idéia era compilar os resultados na forma de um manual que servisse como guia para ajudar os professores menos eficazes a se aprimorarem.

Eu tive a sorte de ser incluído entre os 75 melhores professores da ASU. Seis semanas depois que os questionários tinham sido administrados, uma representante do departamento de projetos do corpo docente compareceu ao meu escritório para mostrar-me os resultados. Essa foi uma experiência muito agradável, porque a representante frisou que eu tinha obtido uma pontuação excelente. Contudo, o que ela disse em seguida realmente capturou minha atenção porque me revelou o segredo definitivo de ser tão bem-sucedido em qualquer profissão ou atividade orientada para pessoas.

A representante do departamento de projetos do corpo docente disse que havia um item no qual eu havia me destacado de todo o resto. Era que meus alunos acreditavam que eu nutria um interesse genuíno por eles. Ao me dizer isso, ela perguntou:

— Diga-me, como você consegue isso?

Como a pergunta me pegou de surpresa, eu realmente não tinha uma resposta. Entretanto, eu a informei a respeito de algumas das coisas que fazia por meus alunos — como ajudar aqueles que estavam muito interessados em se tornar alunos com notas muito altas, ajudá-los a achar empregos com bons salários depois que se formavam e tratá-los como amigos ao invés de como cidadãos de segunda classe. Depois de pensar por um momento, ela disse:

— O que você está me dizendo é que realmente se importa — e que isso transparece.

Esse comentário me surpreendeu porque nunca havia me ocorrido antes. Sim, eu me importava com os alunos, mas na verdade eu me importava com todas as pessoas que conhecia. Meus pais tinham me educado a ser assim, e eu não conhecia nenhuma outra forma de agir.

Refletindo a respeito de meus dez anos como professor na ASU, lembro que alguns de meus colegas caçoavam de mim. Alguns me diziam que eu passava tempo demais com meus alunos. Outros me diziam que meu nível salarial não me obrigava a conceder aos meus alunos o serviço que eu lhes concedia. Eu simplesmente ouvia esses comentários e argumentava que esse era o único aspecto de meu trabalho que eu realmente gostava. Curiosamente, quando pedi demissão de meu cargo e iniciei um trabalho autônomo, minha renda triplicou imediatamente, e 80 por cento dos negócios que fechei durante os dois primeiros anos foram com ex-alunos. Até então, eu jamais havia associado a idéia de me importar com pessoas com alguma forma de compensação. Contudo, a verdade é que agir assim compensa. Você realmente colhe o que planta. Quando você realmente se importa, o que você colhe sempre é mais do que o que você plantou. O fato de que me importo com as pessoas é compensador para mim até hoje, no sentido de que praticamente 100% de minhas atividades de consultoria, palestras e treinamento resultam de novos convites de trabalho e indicações da parte de clientes. Como se vê, importar-se com as pessoas gera resultados *extraordinários*.

Paciência

Sempre que aplicamos qualquer técnica ou processo de administração, a maioria de nós espera resultados instantâneos. A popularidade contínua de dietas-relâmpago serve como um indicador dessa mentalidade de se buscar remédios rápidos para os problemas. Este último conceito, paciência, provavelmente é o mais difícil de aplicar. O Modelo PRAM é muito mais do que um remédio rápido. Na verdade, é um remédio *garantido* e *permanente*. Sim, ele produz resultados instantâneos, mas também produz resultados fenomenais a longo prazo, e isso é mais importante.

Você só pode colher os benefícios completos do processo de domar o Fator X *depois* que tiver conduzido alguém através de todos os quatro passos do Modelo PRAM. Além disso, você precisa conduzir cada pessoa através do Modelo PRAM um passo por vez durante um período de tempo. Você não pode esperar que tudo isto aconteça com uma ou duas visitas rápidas, mais do que você pode esperar um compromisso sério de casamento depois de um ou dois encontros de meia hora. As pessoas não funcionam dessa maneira. Desenvolver confiança demanda tempo e ocorre a um ritmo natural e confortável.

Logo depois que voltei do Vietnã, matriculei-me no doutorado em administração de empresas da Michigan State University. Como o dinheiro que recebia do Exército cobria apenas uma fração do custo da universidade, ingressei numa unidade de Reserva do Exército para obter o restante do dinheiro. Então fui encarregado do comando da unidade, o que significava que eu era responsável por tudo naquela unidade, incluindo recrutamento.

A unidade que eu assumi deveria ser composta por 104 pessoas. Depois que executei a contagem, descobri que a unidade tinha apenas 54 pessoas em seu quadro. Além disso, 26 desses 54 sairiam do Exército dentro de seis meses. O maior motivo para as pessoas terem se alistado em unidades de reservas durante a época da Guerra do Vietnã foi evitar o recrutamento, e o recrutamento obrigatório tinha acabado de terminar. Exatamente quando pensei que as coisas não podiam ser piores, um general de Indianápolis apareceu e me informou que se eu não pusesse minha unidade operando com o número completo de pessoas em seis meses, eu seria destituído do comando.

A essa altura, eu realmente queria dizer a esse general insensível o que ele podia fazer com sua unidade de reserva, mas minha reputação era importante para mim e eu não queria uma marca preta no meu currículo. Assim decidi que eu iria me dedicar seriamente à tarefa, e tentar recrutar as 76 pessoas necessárias. Você não faz idéia de como isso era difícil! Imagine como era convencer alguém a ser voluntário para ouvir broncas uma vez por semana, em duas semanas a cada verão, durante seis anos, quando não houvesse número suficiente de recrutas, na relativamente pequena cidade de Lansing, Michigan, exatamente quando a Guerra do Vietnã estava acabando e o sentimento antimilitar estava mais forte do que nunca. Mesmo se alguém aceitasse fazer isso, você teria de questionar a sanidade dessa pessoa!

Contudo, eu decidi encarar o recrutamento dessas 76 pessoas como um desafio pessoal. Comecei procurando cuidar muito bem das pessoas que já estavam na minha unidade, na esperança de que algumas delas se realistassem ou trouxessem seus amigos. Isto significava corrigir os atrasos de pagamento de salário o mais rápido possível, garantir que teríamos barracas aquecidas e comida quente quando acampássemos, providenciar para que as pessoas fossem promovidas na época em que merecessem ou mesmo antes, e ajudar os recrutas pessoalmente, sempre que eles tivessem problemas. Eu também adquiri um interesse pessoal por cada indivíduo. Passamos muito tempo depois das reuniões falando sobre carreiras e o que o futuro reservava para cada um de nós.

Adotei uma abordagem semelhante com novos recrutas potenciais. Em vez de tentar fazê-los assinar o contrato de alistamento imediatamente, procurei conhecê-los primeiro. Também fui às suas casas e conheci membros de suas famílias. Em vários casos, esses recrutas potenciais estavam com um ou dois amigos em suas casas no momento em que fiz uma dessas visitas. Todas essas visitas consumiram uma grande quantidade de tempo, mas eu gostei de conhecer todas essas pessoas. Eu não tinha certeza se isso me garantiria algum tipo de compensação, porque nas primeiras seis semanas recrutei apenas 11 pessoas. Mas durante as seis semanas seguintes, 71 pessoas se alistaram! Foi surpreendente. Uma pessoa entrou no meu escritório com 13 amigos, e todos eles queriam alistar-se na minha unidade. Uma dúzia de outras pessoas trouxe ao menos um amigo junto.

Se você tivesse observado o que aconteceu durante aquelas últimas seis semanas, teria a impressão de que eu tinha um dom natural para atrair pessoas e convencê-las a comprar o que eu estivesse vendendo. Eles vinham de todas as direções praticamente exigindo uma chance de se tornar parte da minha unidade. Entretanto, uma coisa não ficou aparente: durante os quatro meses e meio anteriores eu havia conduzido cada uma dessas pessoas através dos quatro passos do Modelo PRAM, uma etapa por vez. Sim, isso exigiu muito trabalho e demandou muito tempo, mas a compensação foi *extraordinária*!

Agradecimentos

Mary Norfleet, minha parceira de longa data, por seu grande apoio e estímulo.

Brian Long, meu co-autor em *The Win-Win Negotiator,* por suas contribuições no desenvolvimento do modelo PRAM.

Jim Woodson, por ajudar-me a ver o mundo através de olhos mais límpidos.

Tom Peters e Bob Waterman, por seu livro revolucionário, *In Search of Excellence,* que inspirou os quinze anos de pesquisa que conduziram a *O Fator X*.

Joyce Kinicki, por me colocar na trilha que me levou a descobrir o Fator X.

Kevin Freiberg e Jackie Freiberg, autores de *NUTS!*, por mostrar ao mundo como é o coração e a alma de uma companhia bem administrada (a Southwest Airlines).

Douglas McGregor, autor de *The Human Side of Enterprise*, por provar que 100% da administração de empresas diz respeito a pessoas.

Dale Carnegie, autor de *Como fazer amigos e influenciar pessoas*, e Samuel A. Culbert, autor de *Mind-Set Management*, por corroborarem o fato de que o interesse individual é a única coisa que motiva o comportamento humano.

Viktor Frankl, autor de *Man's Search For Meaning*, por frisar o papel poderoso do significado na determinação do interesse individual de uma pessoa.

W. Edwards Demming, o guru da qualidade, por mostrar-me a diferença entre um cliente satisfeito e um cliente leal.

Glenn Buege, da Glenn Buege Buick, em Lansing, Michigan, por ensinar-me, em primeira mão, o papel importante que um sistema de lembranças exerce na execução consistente dos passos básicos.

Marcia Reck, minha esposa, por seu estímulo constante e sua disposição em revisar meus originais durante todo o processo deste projeto.

Insuflar vida a um projeto como *O Fator X* requer um esforço de equipe. As pessoas que desempenharam papéis importantes neste processo foram:

Sally Kur,. da Kur Carr Group, pela primeira revisão do manuscrito; Jo Fagan, agente literário, do escritório Jane Dystel Literature Management; a equipe da John Wiley & Sons, especialmente Karen Hansen, editora, e sua habilidosa assistente, Kirsten Miller, juntamente com Amy Levy, *marketing*, Alison Bamberger, publicidade, e Linda Indig, editora da Associate Managing; Cathy Lewis, publicitária da C.S. Lewis & Co.; Mary Ellen Langlois, agente de palestras da Platform Speakers International; e a equipe da Cape Cod Compositors, por seus esforços em editar e revisar a primeira prova deste livro.

Este livro foi composto na tipologia Gold,
em corpo 12,5/15, e impresso em papel
Off set 90g/m² no Sistema Cameron da
Divisão Gráfica da Distribuidora Record.